쉽게 풀어 쓴 학습 심리

파블로프와 스키너의 실험

김문수 저

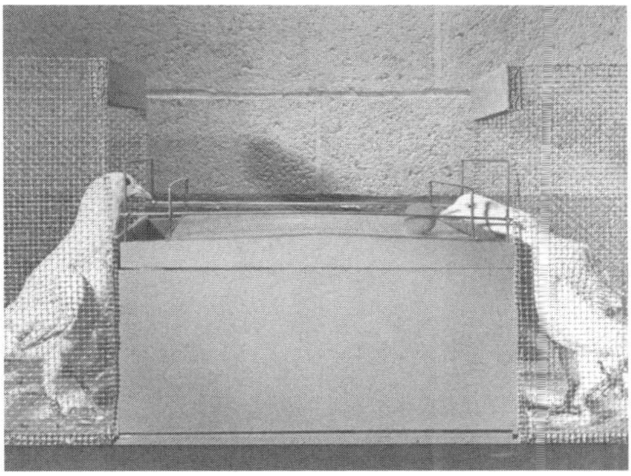

학지사

머리말

독자는 파블로프라는 이름은 분명히 들어 보았을 것이고, 스키너라는 이름은 들어 본 적이 없을 수도 있겠다. 두 사람은 각각 고전적 조건형성과 조작적 조건형성이라는 유형의 학습을 연구한 학자로서 이들을 모르는 심리학자가 있다면 시쳇말로 간첩이라 할 수 있다. 이 유형의 학습은 그 원리가 매우 단순하고 기계적이라서 인간이 일반적으로 하는 고차원적 학습보다는 한참 '열등한' 것으로 대개 생각한다. 하지만 이 책은 그런 고전적 조건형성과 조작적 조건형성이 사실은 우리의 일상생활에 넓고 깊게 스며들어 있어서 우리의 감정과 행동에 심대한 영향을 미치고 있음을 보여 주고자 한다.

감정이 맘대로 통제되지 않을 때, 행동이 뜻대로 되지 않을 때, 우리는 "나는 왜 이럴까? 왜 의지가 이다지도 박약할까? 왜 이따위 성격을 타고난 걸까?" 식으로 자신의 내부에서 원인을 찾을 때가 많다. 물론 내부에 원인이 있을 수도 있지만, 사실은 외부 환경에 직접적인 원인이 있을 때가 생각보다 훨씬 더 많다. 도박 중독을 예로 들어 보자. 왜 어떤 사람은 도박에 빠지는 걸까? 왜 어떤 사람은 애초부터 도박을 거들떠보지도 않는 걸까? 한번 도박에 빠지면 왜 그렇게 헤어나기가 힘들까? 이런 질문들에 사람들이 하는 쉬운 대답은 대개 그 모든 것이 성격이나 의지 탓이라는 것이다. 뭔가에 쉽게 빠지는 성격이니까 도박에 빠진 것이고, 전 재산을 다 날려도 도박에서 헤어나지 못하는 것은 의지가 약해서라고 말이다.

그런데 이런 대답이 진정한 설명일까? 뭔가에 쉽게 빠지는 성격이라면, 왜 다른 건전한 취미 분야에 안 빠지고 하필 도박에 빠졌을까? 이에 답하자면, '음…… 도박이 중독성이 더 큰 분야라서 그래. 또는 불건전한 분야에 더 쉽게 빠지는 성격이라서 그래. 그렇다면 도박이 더 중독성이 큰 줄은 어떻게 알지? 마약이 더 중독성이 큰 거 아닐까? 그리고 불건전한 분야에 쉽게 빠지는 성격이란 게 존재하기는 하는 걸까? 불건전한 분야가 도박뿐일까?' 도박 중독을 개인의 성격으로 설명하려니 이처럼 의문이 꼬리에 꼬리를 물고 생겨난다.

의지가 약해서라는 설명도 마찬가지다. 의지가 약하다는 건 어떻게 알았을까? '도박에서 못 벗어나고 있는 걸 보고 알았지. 음, 이상한데, 이거 순환론적 설명 아니야? 게다가 도박에 빠진 사람이 공부 잘해서 좋은 대학 나오고 좋은 직장에 다니는 사람이라면? 그 사람은 공부와 취직에서는 의지가 강한데 도박에서만 의지가 약한 걸까? 이건 귀에 걸면 귀걸이, 코에 걸면 코걸이 식의 설명 아닌가? 왜 다른 분야에서는 의지가 강한데 도박에서만 유독 의지가 약하지? 중독되기 쉬운 성격이라서? 앗, 또 성격 문제로 넘어가는 거야?' 의지로 설명하려니 또다시 의문이 꼬리에 꼬리를 문다.

도박뿐 아니라 여러 가지 문제에 대해 사람들은 성격이나 의지의 문제로 설명하려는 경향이 많다. 그런데 방금 보았다시피 자세히 뜯어 보면 성격이나 의지는 사실 별로 진정한 설명 같아 보이지 않는다. 무언가 미진한데, 어쩌면 그런 설명은 현상의 재서술 또는 현상에 이름 붙이기에 불과할 수도 있다. 그렇다면 진정한 설명은 어떤 것일까? 사람이 겪는 문제의 원인을 그 사람 내부에서 찾는다면(성격이나 의지 같은 개념에 기댈 때처럼) 한걸음 더 나아가서 왜 그런 내적 특성을 갖게 되었는지 물어볼 수 있다. 그러면 답은 유전과 환경(즉, 선천적 요인과 후천적 요인)으로 이어진다. 이건 뻔한 답이지만 사실이기도 하다. 중요한 것은 어떤 유전적 특성을 타고났는지, 그리고 살아온 환경이 어땠는지를 밝히면 과학적인 설명이 가능하다는 점이다. 유전적 특성은 행동유전학에서 연구하는 주제이고, 살아온 환경이 어때서 어떤 경험을 했길래 현재의 행동을 하는 것인가를 설명하는 것이 이 책의 주제인 학습심리학이 하는 일이다.

심리학의 다양한 분야 중에서 학습심리학은 인간 행동의 원인을 외부 환경에서 찾는다. 즉, 특정 환경에서 했던 경험이 사람이나 다른 동물의 행동을 어떻게 변화시키는지를 밝힘으로써 현재의 행동을 설명하려 한다. 파블로프의 개와 손다이크의 고양이에게서부터 시작된 많은 학습심리학 연구가 발견해 낸 학습 원리들이 '열 길 물속은 알아도 한 길 사람 속은 모른다'라고 하는 '마음'을 이해하는 데 뜻밖에도 대단히 유용할 수 있다. 인간의 마음이 깊이를 알 수 없을 만큼 신비로워 보이지만, 학습심리학적 원리들의 작용을 이해하고 나면 인간의 마음은 깊은 우물이 아니라 얕고 혼탁한 개울이라는 생각이 들 수도 있다.

이 책은 심리학을 전공하지 않은 교양인들에게 학습심리학을 소개하기 위한 것이다. 전공 논문만 써 온 나에게는 일반교양인이 재미있게 읽을 수 있는 글을 쓰는 재주가 진정으로 없구나라는 것을 새삼 느끼게 되었다. 그렇지만 독자가 지루함을 조금만 참고 읽어 준다면 더없이 고맙겠고, 아마도 항상 궁금해하던 마음의 작용에 대해 약간이나마 이해하게 될 것이라고 소심하게 약속해 본다.

일반교양인의 대표로 낙점되어 이 책의 초고 일부를 읽어야 했던 오륙도 모임 친구들에게 고마움을 전한다. 행동주의에 대한 관심을 핑계로 수다를 떨기 위한 모임인 행동과학 연구회 회원님들께도 초고에 대한 의견을 주신 데에 감사드린다. 일반교양인을 위한 학습심리학 책을 쓸 때까지 오랫동안 기다려 준 학지사와 좋은 책을 만들어 준 편집부 여러분께도 감사드린다. 그리고 무엇보다도, 갈수록 어리바리해지는 남편을 잘 밀어 주고 이끌어 준 아내 박소현에게 이 자리를 빌려 깊은 감사의 마음을 전한다.

2025년 2월

김문수

차례

제3부 처벌

제1부

파블로프의 개와 인간의 감정

파블로프가 개에게 종소리를 들려주고 먹이 주기를 거듭하니까 나중에 개는 종소리만 들려도 침을 흘리게 되었다. 이는 **고전적 조건형성**(classical conditioning, 또는 고전적 조건화)이라는 이름으로 사람들이 알고 있는 상식이다. 개가 먹이에 침을 흘리는 건 당연한 일이다. 먹이 없이 종소리만 들어도 침을 흘린다는 것 역시 놀랍지 않다. 종소리에 먹이가 뒤따른다는 것을 개가 알 테니까 말이다. 그런데 개가 종소리에 침을 흘리건 말건 그거 나랑 무슨 상관일까? 그게 무엇이 중요하길래 학교에서도 배우고 심리학개론 교과서에도 꼭 나오는 걸까? 지금 독자가 이 책을 읽고 있다가 잠시 눈을 돌리니 맛있는 치킨 광고가 보인다고 하자. 독자는 치킨을 좋아하지만 지금 당장은 배가 고프지 않다. 독자의 입에 침이 고일까? 치킨 생각만 해도 침이 고이고 먹고 싶어진다면 그건 고전적 조건형성으로 유발된 조건반응이다.

1. 공부만 학습인 것은 아니라네

이 책이 학습심리학에 대한 것이다 보니 좀 지루하지만 학습의 정의부터 먼저 다루어야 하겠다(이런 내용이 지겹다면 바로 다음 장으로 넘어가도 좋다). 사람들은 대부분 '학습'이라고 하면 학교 공부를 떠올린다. 물론 공부도 학습의 일부이긴 하지만 심리학에서 다루는 학습은 훨씬 더 범위가 넓다.

독자는 쥐를 좋아하는가 아니면 싫어하는가? 쥐를 좋아하는 사람은 별로 없다. 사람들은 한 살이었을 때도 쥐를 싫어했을까? 그럴 리 없다. 한 살 때는 쥐가 무엇인지도 몰랐을 것이고 따라서 좋아하지도, 싫어하지도 않았을 것이다. 그런데 지금은 왜 쥐를 싫어하는 걸까? 성장하면서 쥐에게 실제로 물리거나 쥐 때문에 병에 걸리는 것 같은 확실한 피해를 입은 적이 있기 때문일까? 21세기를 사는 한국인 중 그런 경험이 있는 이는 드물 것이다. 그럼 왜 그렇게 많은 사람이 쥐를 싫어하는 걸까? 아마도 사람들은 쥐가 전염병을 옮긴다는 등의 교육을 받았고, 주변 사람들이 쥐를 끔찍이 싫어하는 모습을 보면서 자라났기 때문일 것이다. 다시 말하면, 쥐를 싫어하기를 배웠다는 말이다.

이 예는 배우기, 즉 학습이 공부를 통한 '지식의 습득'만을 뜻하는 것이 아님을 보여 준다. 실제로 학습이란 우리의 삶 전체를 통하여 거의 항상 일어나고 있는 중요한 심리 과정이다. 그러면 심리학에서 학습은 어떻게 정의될까?

학습의 가장 대표적이고 친숙한 예인 공부를 보자. 공부를 하고 나면 무슨 일이 생길까? 당연히 아는 게 많아질 것이다. 즉, 지식을 얻을 것이다. 그리고 새로운 지식을 갖게 되면 이전과는 다른 행동을 할 수 있다. 예컨대, 심리학개론 시험에서 답을 쓸 수 있다. 즉, 학습은 변화를 일으킨다.

그 변화는 어떤 변화일까? 사람들은 대개 학습의 결과가 내면에 지식이 쌓이는 것이라 생각한다. 그런데 그 '지식'을 겉으로 전혀 드러내지 않는다면 어떻게 될까? 아는 게 있다는 것을 다른 사람이 알 수 있을까? 시험에서는 답을 알아도 쓰지 않으면 점수를 받을 수 없다. 우리가 무언가를 학습했더라도 다른 사람들이 그 사실을 알 수 있으려면 그 지식을 어떤 식으로든 표현해야 한다. 결국 표현은 행동을 통해서 이루어지기 때문에 유기체의 일반적인 학습 과정을 연구하는 학자의 입장에서는 학습이란 곧 행동의 변화로 드러난다. 그렇지만 우리가 아는 것을 모두 행동으로 드러내지는 않기 때문에 학습(learning)과 수행(performance)을 구분해야 한다고 주장하며, 학습을 행동 '잠재력'의 변화라고 정의하는 학자들도 있다.

그러면 행동의 변화는 모두 학습 때문에 일어나는 것일까? 갓난아이는 자라면서 누가 가르쳐 주지 않더라도 목소리가 커지고 걸을 수 있게 된다. 마약을 한 사람은 분명히 행동이 달라진다. 또 우울증이 있는 사람은 우울증에 빠져듦에 따라 행동의 변화를 나타낸다. 성숙이나 약물, 기분, 질병 등으로 일어나는 행동 변화는 학습이 아니다. 학습이란 경험(예: 야구공을 던지는 훈련 경험)에 의해 생겨나는 변화만을 가리킨다. 이런 점들을 종합해 보면, 학습은 경험에 기인한 행동의 변화라고 정의할 수 있다.

이 정의에 따르면 학습은 행동의 변화인데, 앞서 예를 든 것처럼 쥐에 대한 혐오를 배우는 것도 학습일까? 다시 말하면, 감정의 습득은 학습일까? 이에 답하려면 무엇이 행동인지를 먼저 알아야 한다. **행동**(behavior)은 인간 및 기타 동물이 하는, 측정할 수 있는 모든 것이라고 정의할 수 있다(Reber, 1995; Skinner, 1938). 그러면 심장 박동이 행동일까? 호르몬 분비는 행동일까? 아마 사람들은 이런 것들이 생리적 작용이지 행동이 아니라고 생각하겠지만, 이것들은 측정 가능한 작용으로 행동이라고 볼 수 있다. 사실, 우리는 이미 개가 종소리에 침을 흘리는 것을 행동으로 취급하고 있었다. 그러면 감정은 측정할 수 있을까? 우리가 다른 사람의 마음속에 직접 들어가 보지 못하는데도 그 사람의 감정을 (전부는 아니더라도) 대개 알 수 있다는 사실은 감정이 겉으로 드러나기 마련이며 그만큼 측정 가능하다는 말이 된다. 우리가 다른 사람에게 감정을 숨기고 운동 반응으로 표현하지 않을 수는 있지만 그럴 때도 혈압, 심박수, 땀 흘리기의 변화 같은, 자율신경계가 통제하는 생리적 반응은 여전히 일어나며 이것들은 측정 가능하다. 따라서 심리학에서는 감정을 정서 행동(emotional behavior)이라고 부르고 연구한다.

그러면 학습에는 어떤 종류가 있을까? 가장 기본적인 형태의 학습은 한 자극에 대한 유기체의 반응이 변화하는 것이다. 예컨대, '기찻길 옆 오막살이'에 사는 아기는 시끄러운 기차 소리를 하도 많이 들어서 거의 반응을 하지 않게 될 수 있다. 이처럼 동일한 자극을 반복적으로 경험함으로써 그에 대한 반응이 감소되는 것을 **둔감화**(habituation, 또는 습관화)라고 한다. 반대로 한 자극에 대한 반응이 그 자극을 경험할수록 더 강해지는 것을 **민감화**(sensitization)라고 한다. 전기에 감전되어 본 사람은 다시 감전될 경우 대개 이전보다 더 고통스러워한다.

한 자극에 대한 학습보다 좀 더 복잡한 것은 두 사건 간의 연관성을 배우는 것이다. 예컨대, 우리는 번갯불이 번쩍인 후에는 천둥소리가 뒤따른다든지, 공부를 열심히 하면 성적이 오른다든지 하는 것을 배운다. 이런 학습을 하나의 사건과 다른 사건을 연합(즉, 연결)시킨다는 의미로 **연합학습**(associative learning)이라고 부른다. 이와 대조적으로 둔감화와 민감화는 한 가지 사건에 대한 학습이므로 **비연합학습**(non-associative learning)이라고 한다. 연합학습에는 두 자극 사이의 관련성을 배우는 고전적 조건형성과, 어떤 행동과 그 결과 사이의 관계를 배우는 조작적(또는 도구적) 조건형성 두 가지가 있다. 이 책의 전반부는 고전적 조건형성을, 후반부는 조작적 조건형성을 다룬다.

조건형성 원리는 아주 기계적으로 작동하는 것인데, 이런 단순하고 기계적인 원리로는 수학 공부 같은 것을 설명하기 힘들어 보인다. 따라서 사고가 개입되는 더 고차적인 종류의 학습을 **인지학습**(cognitive learning)이라고 하며, 여기에는 고등동물이 하는 여러 다양한 형태의 학습이 포함된다. 그런데 인지학습도 연합학습으로 설명될 수 있다고 주장하는 학자들도 있다.

2. 고통을 즐기는 개가 있을까

개에게 전기충격을 준다. 그러자 개가 깨갱거리며 괴로워하는 게 아니라 오히려 입맛을 다시고 침을 흘리면서 꼬리를 흔든다. 아니, 이 개는 미친개인가? 전기충격을 좋아하는 건가? 고통을 즐기는 자기 학대적(masochistic) 성격의 개인가? 과연 이런 일이 일어날 수나 있을까?

실제로 이반 파블로프(Ivan P. Pavlov)는 이런 행동을 하는 개를 만들어 낸 적이 있다(Pavlov, 1927). 도대체 어떻게 그럴 수 있었을까? 물론 고전적 조건형성을 이용했다. 개의 피부에 전기충격을 찌릿 주고는 곧이어 개의 입에다 먹이를 넣어 준다. 물론 개는 깨갱거리고 괴로워하지만, 입에 들어온 먹이를 내뱉지는 않고 잘 먹는다. 개에게 이처럼 전기충격을 주고 나서 먹이를 주는 일을 여러 차례 거듭한다. 개는 전기충격과 먹이가 짝지어 제시되는 일을 경험하면서 점차로 행동이 변하기 시작한다. 그리하여 결국에는 전기충격을 받으면 혐오나 공포 반응이 나오는 게 아니라 먹이를 기대할 때의 반응이 나온다. 즉, 침을 흘리고 꼬리도 흔들게 된다. 게다가 유해한 보통 자극이 유발하는 맥박이나 호흡의 변화도 나타나지 않는다.

어쩌면 개는 '찌릿하고 좀 아프긴 했지만, 이제 곧 맛있는 먹이가 나오겠군!' 하면서 좋아할지도 모른다.

이제 왜 이 개가 전기충격을 좋아하는 것처럼 보이는지 이해가 되는가? 아마도 격하게 이해된다는 생각이 들지는 않겠지만, 이 책을 읽다 보면 그런 미심쩍은 마음도 사라질 것이(라고 기대한)다. 이 책을 '자기 학대적인 개'의 이야기로 시작한 이유는 언뜻 보기에 이해되지 않는 행동이 그 개체(사람이든 동물이든)의 학습 나 력, 즉 과거에 어떤 환경에서 어떤 경험을 했는가를 알게 되면 이해될 때가 많기 때문이다. 물론 이건 사람들이 모두 알고 있는 뻔한 소리다. 하지만 뻔히 안다고 해서 실제로 타인의 이상한 말이나 행동의 원인을 그 사람의 과거 경험에서 찾아보며 세심하게 이해하려 들지는 않는다. 그러기보다는 그냥 이상한 사람으로 치부하고 말거나 원인을 성격 탓(예: "MBTI가 그런 유형이기 때문이야.")으로 돌리기 마련이다. 이에 반해 학습심리학은 어떤 행동이 나오게 된 과정을 사람들이 상식적으로 그렇겠거니 하는 수준보다 훨씬 더 구체적이고 상세하게, 때로는 전혀 예상치 못한 측면에서 보여 줄 수 있다(예컨대, 11장을 보라).

3. 종소리가 무릎반사를 일으킬 수 있을까

미안하지만 독자에게 명령을 하나 하겠다. 바로 지금, 침을 흘려 보라(물론 입속에 아무것도 없어야 한다). 침이 침샘에서 나와서 입에 고이도록 의지력을 발휘하여 '침아 나와라, 침아 나와라.' 하고 애를 써 보라. 독자의 입에 침이 고이는가?

미안하지만 명령을 또 하나 하겠다. 음식을 입에 넣고 씹으면서 침이 나오지 않게 해 보라. 침이 나오려다 마는가?

분명히 둘 다 할 수 없었을 것이다. 왜냐하면 침 흘리기는 팔을 굽혔다 폈다 하는 것같이 맘대로 통제할 수 있는 수의적 반응(voluntary response)이 아니기 때문이다.[1] 침은 음식이 입속에 들어오면 저절로 흘러나온다. 즉, 침 흘리기는 먹을 것이 입속에 들어오기만 하면 우리의 의지와는 무관하게 자동으로 나오는 선천적인 반사반응이다.[2]

1) "엇, 나는 침을 자발적으로 흘렸는데?"라고 말하는 사람도 있을 수 있다. 그런 사람은 아마도 어떤 음식을 생각함으로써 그렇게 했을 수 있다. 예컨대, 맛있는 피자나 신맛이 나는 레몬주스를 떠올렸을 것이다. 그랬다면 그런 생각이나 이미지가 조건자극으로 작용하여 침 흘리기라는 조건반응을 유발한 것이다. 이는 수의적으로 침을 흘린 것이 아니다. 생각이나 이미지를 떠올린 것은 수의적 반응이고, 그로 인해 침이 저절로 나오는 것이 불수의적 반응이다.

2) 반사와 반사반응은 같은 말일까? 아니다. 반사(reflex)는 특정 자극이 특정 반응을 유

반면에 종소리는 침 흘리기를 일으키지 않는 게 정상이다. 종소리는 음식이 아니므로 침샘의 활동과 아무 관련이 없고, 따라서 침 흘리기라는 반사반응을 일으키지 못한다. 그런데 어떻게 파블로프의 개는 종소리에 반사반응(침 흘리기)을 하게 된 걸까? 물론 종소리가 먹이와 짝지어졌기 때문이다. 그런데 잘 생각해 보면, 단순히 종소리가 먹이와 짝지어졌을 뿐인데, 왜 종소리가 침 흘리기를 일으키는 걸까? 이유를 한 가지만 간단하게 말하자면, 종소리와 먹이의 짝짓기로 인해 둘 사이에 원래는 없었던 새로운 연결이 생겼기 때문이다. 새 연결이 생긴다는 것이 무슨 뜻인지에 대해서는 나중에 이야기할 것이다(18장을 보라).

종소리에 침을 흘리는 사소한 반응이 왜 중요한지 이해하는 사람은 많지 않은 듯하다. 종소리에 뒤이어 먹이가 주어진다는 걸 아니까 종소리에 침을 흘리는 게 당연한 일 아닌가? 이게 왜 중요하다는 말인가? 글쎄, 원래는 반사반응을 일으키지 못했던 자극(종소리)이 이제는 반사반응(침 흘리기)을 일으키게 되었다. 이것이 당연한 일일까? 무릎반사를 예로 들어 보자. 사람의 무릎뼈 아래의 힘줄을 고무망치로 치면, 넙다리네갈래근(대퇴사두근)이 수축하여 무릎이 펴지게 된다. 종소리가 무릎반사를 일으킬 수 있을까? 의자에 앉아서 나와 마주 보고 이야기를 나누던 사람이 종소리가 울리자, 자신도 모르게 갑자기 무릎을 쭉 펴면서 나를 걷어찬다고 상상해 보라. 말도 안 되는 상상일까? 뜻밖에도 실제로 그럴 수 있다. 종소리에 침을 흘리

발하는 관계를 가리키며, 이 관계에서 반응 부분이 곧 반사반응(reflexive response)이다.

는 것보다 이것이 더 놀랍지 않은가? 망치로 무릎힘줄을 치지도 않았는데 무릎이 쭉 펴진다고? 평소에는 그런 일이 일어나지 않겠지만, 종소리에 뒤이어 고무망치로 무릎힘줄을 타격당하는 특이한 경험을 여러 번 한 사람에게서는 그런 일이 일어날 수 있다. 구체적인 실험을 하나 살펴보자.

파블로프가 조건반사 연구를 시작했던 초기에, 미국 펜실베이니아 대학교의 대학원생 에드윈 트윗마이어(Edwin B. Twitmyer)는 무릎반사에 관한 박사학위 논문을 위한 실험을 하고 있었다. 그는 고무망치로 사람의 무릎을 쳐서 무릎반사를 일으키는 장치를 만들었다. 무릎반사의 강도에 근육 긴장이 어떤 영향을 미치는지 알고 싶었으므로 트윗마이어는 고무망치가 무릎을 치기 전에 벨소리를 들려주어 실험 참가자에게 타격이 올 것이라는 경고를 주곤 했다. 어느 날 그는 우연히 벨소리만 들려주고 망치로 무릎 치기를 빼 먹는 실수를 하게 되었다. 그런데 실험 참가자의 다리가 마치 무릎을 망치로 맞은 것처럼 앞으로 쭉 펴지는 게 아닌가! 어떻게 그런 일이? 트윗마이어는 당연히 놀랐지만, 실험 참가자도 무척 놀랐다고 말했다.

트윗마이어는 중요한 무언가를 발견했다고 생각하고, 벨소리와 망치의 타격을 체계적으로 짝짓고 난 다음, 벨소리만 단독으로 제시하는 실험을 수행했다. 그 결과 망치의 타격 없이 벨소리만으로도 무릎반사를 유발할 수 있었다. 파블로프의 개가 먹이 없이도 종소리에 침을 흘리는 것과 마찬가지로 말이다.[3] 트윗마이어는

3) 트윗마이어가 파블로프의 조건반사 연구에 대해 알았을 가능성은 거의 없다. 러시아인인 파블로프의 연구가 미국에 소개된 것은 그의 책이 영어로 번역된 1917년 이

1904년 미국 심리학회 연차학술대회에서 「무릎힘줄의 자극 없이 일어나는 무릎반사」라는 논문을 발표했는데, 그의 차례는 오전 발표회의 맨 마지막 순서였다. 앞서 발표된 논문들에 관해 많은 토론이 있었으므로 때는 이미 점심시간으로 접어들고 있었다. 발표회의 청중은 아마도 지식에 목말라 있기보다는 잘 구운 고기가 눈앞에 어른거리는 상태였을 것이다. 트윗마이어의 발표가 끝나자 청중은 아무 질문도 없이 조용히 앉아 있었고 오전 발표회는 그렇게 끝나고 말았다. 엄청나게 중요할 수 있는 연구를 발표했지만, 아무런 관심도 끌지 못한 트윗마이어는 넋이 나갈 만큼 실망하였고, 다시는 조건형성에 대한 실험을 하지 않았다. 그리고 박사학위를 받은 후에는 다른 분야로 옮겨 가서 좋은 업적을 남겼다.[4)]

....

후이고, 트윗마이어의 연구는 그보다 10년 이상 앞서 있었다.

4) 이 이야기는 『학습과 행동』 제6판, 101쪽(김문수 외, 2010)에서 가져왔다.

4. 새로운 반사를 만들어 볼까

조건반응이 왜 중요한지 이해하려면 먼저 고전적 조건형성 절차를 꼼꼼히 살펴보아야 한다. '종소리를 들려주고 먹이를 주는 것 외에 뭐가 더 있겠어?'라고 코웃음 칠지도 모르지만, 그 짝짓기 과정에서 종소리의 의미 또는 기능이 달라진다는 점이 중요하다.

1단계(학습 전)
종소리 ──► 침을 흘리지 않음

2단계(고전적 조건형성)
종소리 + 먹이 ──► 침을 흘림

3단계(검사)
종소리 ──► 침을 흘림

1단계에서 개에게 종소리를 들려준다. 개는 귀를 쫑긋 세우고 소리 나는 쪽으로 고개를 돌리긴 하지만 침을 흘리지는 않는다. 개에게 종소리는 침을 흘리게 하지도 않고 흘리던 침을 멈추게 하지도 않는, 따라서 침 흘리기와는 관계없는 중성자극(또는 중립자극)이다.

2단계로 고전적 조건형성을 시작한다. 그 절차는 기본적으로 서로 무관한 두 자극을 짝지어 제시하는 것이다. 예컨대, 개에게 종소리를 30초 동안 들려주면서 종소리가 끝나기 5초 전에 먹이를 준다. 개는 당연히 종소리에는 침을 흘리지 않다가 먹이가 주어지면 침을 흘린다. 종소리와 먹이를 한 번 짝지어 제시하는 것을 하나의 **시행**(trial)이라고 부르는데, 개에게 이런 시행을 몇 분 간격으로 여러 차례 실시한다.

3단계로 조건형성이 잘 되었는지, 즉 개가 먹이 없이 종소리만 들려도 침을 흘리는지 검사를 한다. 조건형성이 진행되면서 종소리가 시작되어 개가 침을 흘리기까지 걸리는 시간이 점차로 짧아진다. 그러다가 마침내 개는 먹이가 주어지기도 전에 침을 흘리게 된다. 앞의 예를 계속하자면, 종소리 개시 후 25초째에 먹이가 주어지고, 처음에는 먹이를 받고 나서야 침이 나온다. 시행이 거듭되면서 침은 점점 더 빨리 나오기 시작해서, 예컨대 종소리 개시 후 10초째에 나오게 된다. 그런 개에게 종소리만 들려주고 먹이는 주지 않으면 어떻게 될까? 개는 종소리에 침을 흘리기 시작하지만 먹이는 나오지 않기 때문에 그 시행은 그렇게 끝난다. 즉, 이 개는 입속에 먹이가 없어도 종소리만 들리면 침을 흘리는 완벽한 '파블로프의 개'가 된 것이다([그림 1-1] 참조).

그러면 각 자극과 반응에 이름을 붙여서 고전적 조건형성 절차를 이해해 보자. 종소리와 먹이를 짝지어 제시하면 개는 **먹이 때문에** 침을 흘린다. 먹이가 입속에 들어오면 무조건 침이 흘러나오므로 이런 자동적인 반응을 **무조건반응**(unconditioned response)이라 한다. 이때 '무조건'이란 용어는 선천적인, 즉 '학습되지 않은'이라는 뜻이다. 모든 무조건반응은 유전적으로 결정된 불수의적(involuntary) 반사반응이다. 무조건반응을 일으키는 자극을 **무조건자극**(unconditioned stimulus)이라 한다. 파블로프의 개에게서 침 흘리기라는 무조건반응을 일으킨 무조건자극은 먹이다. 개의 입속에 모래를 넣어 주면 어떻게 될까? 개는 침을 많이 흘려서 모래를 입에서 씻어 낸다. 그렇다면 모래는 무조건자극일까? 당연히 그렇다. 침 흘리기라는 반응의 면에서는 말이다. 그렇다면 개에게 파란 불빛을 보여 주면 침을 흘릴까?

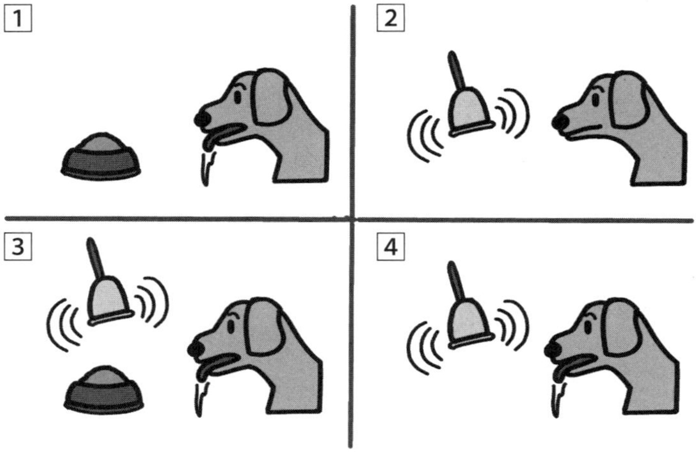

그림 1-1 **종소리와 먹이를 짝짓는 전형적인 고전적 조건형성 실험**

1. 조건형성 이전: 먹이는 개에게서 선천적으로 침 흘리기를 유발한다.
2. 조건형성 이전: 종소리는 개에게서 침 흘리기를 유발하지 않는다.
3. 고전적 조건형성: 종소리에 먹이를 짝지으면 개가 침을 흘린다.
4. 조건형성 이후: 이제는 종소리가 개에게서 침 흘리기를 유발한다.

물론 아니다. 따라서 파란 불빛은 침 흘리기에 대한 무조건자극이 아니다.

무조건자극에 대하여 무조건반응이 나오는 관계를 **무조건반사**(unconditioned reflex)라고 한다. 예컨대, 티끌이 눈에 들어가면 눈을 깜박이게 되는데, 이것이 눈 깜박임 반사다. 여기서 무조건자극은 티끌이고 무조건반응은 눈 깜박임이다. 먼지나 꽃가루 같은 이물질이 코에 들어오면 재채기 반사가 유발되는데, 이때 무조건자극은 먼지나 꽃가루이고 무조건반응은 재채기다.

고전적 조건형성을 충분히 거친 개는 이제 종소리에 침을 흘린다. 원래 침 흘리기는 먹이에 대해서 일어나는 무조건적 반사반응인데, 이제는 먹이가 아닌 **종소리**에 침이 나온다. 즉, 무조건자극(먹이)이 없는데도 반사반응(침 흘리기)이 일어난다. 그러나 이 침 흘리기를 무조건반응이라고 부를 수 없고, 종소리와 침 흘리기 간의 관계를 무조건반사라고 부를 수도 없다. 종소리가 유발하는 침 흘리기가 반사반응이지만 무조건반응이 아니라면 무엇이라고 불러야 할까? 파블로프는 그것이 종소리와 먹이의 짝짓기라는 '조건'이 충족된 후에야 나오기 때문에 **조건반응**(conditioned response)이라 불렀다. 이는 곧 학습된 반사반응이라는 뜻이다. 그리고 이 조건반응을 일으키는 자극인 종소리를 **조건자극**(conditioned stimulus)이라 불렀다. 종소리는 애초에 침 흘리기를 유발할 수 없었으나 먹이와 짝지어짐으로써 그럴 수 있게(즉, 무조건자극처럼 작용하게) 되었다. 파블로프는 이러한 종소리-침 흘리기 관계를 **조건반사**(conditioned reflex)라 불렀다. 반사이기는 하나 선천적인 것이 아니고 특정 경험을 한 이후에(많은 '조건'이 충족

된 후에) 나오는 것이기 때문이다.[5)]

파블로프의 개가 종소리에 침을 흘리는 현상, 즉 조건반사가 어떤 것인지 이제 이해되는가? 유전적으로 미리 결정된 반사반응이 원래는 아무 관련 없었던 다른 자극에 대해서도 일어나게 된 것이 조건반사다. 이것은 종소리에 개가 침을 흘리는 사소한 일이 아니라 엄청나게 중요한 현상이다. 왜냐하면 무조건반사는 유기체가 선천적으로 지니고 있는 것인데, 조건반사라는 새로운 '반사'가 경험을 통해서 습득될 수 있다는 말이기 때문이다. 다시 말하면, 유전적으로 결정되어 있지 않은 새로운 연결(조건자극과 무조건자극 사이의)이 경험, 즉 학습에 의해서 생겨날 수 있다는 것이다. 기존의 반사라는 개념은 유전적으로 결정된 선천적인 것만 의미했는데 거기에다가 학습된, 즉 후천적인 반사라는 새로운 범주를 추가한 것이 파블로프의 주된 공로이다. 이 조건반사 덕분에 유기체의 생존능력이 대단히 향상된다는 사실을 이후 살펴볼 것이다.

5) 고전적 조건형성을 설명할 때 일반적으로 조건자극과 무조건자극을 짝짓는다고 말한다. 엄밀히 말하면 이는 틀린 것이고, 정확히는 중성자극과 무조건자극을 짝짓는다고 말해야 한다. 고전적 조건형성이 진행되면서 중성자극이 점차 조건자극으로 변해 간다. 나중에 무조건자극 없이 그 중성자극만 제시하는 검사 시행에서 무조건자극이 일으키던 반응이 유발되어야 그 중성자극을 조건자극이라 부를 수 있다. 하지만 매번 이렇게 이야기하기가 번거로우므로 편의상 조건자극과 무조건자극을 짝짓는다고 말한다.

5. 침을 내 맘대로 흘렸다 말았다 할 수 있을까

소화 과정을 연구하는 생리학자였던 파블로프는 소화액의 하나인 침을 수집하여 그 화학 성분을 분석하고자 했다. 그런데 침은 그냥 나오는 게 아니라 먹이가 입에 들어와야 나오므로 정상적으로는 음식물과 침이 섞일 수밖에 없다. 따라서 파블로프는 음식물에 오염되지 않은 순수한 침을 수집하기 위해서 개의 볼에 구멍을 뚫고 침샘에 누관을 삽입하였다. 파블로프는 이런 수술을 받은 개를 실험실에 데리고 와서 먹이를 주고는, 누관을 통해 흘러나오는 침을 시험관에 받아서 모았다([그림 1-2] 참조). 그런데 실험이 진행되면서 이상한 일이 일어났다. 개가 여러 번 먹이를 받아먹고 나자, 이제는 입속에 먹이가 들어오기도 전에 침을 흘리기 시작했던 것이다. 먹이가 주어졌던 그릇이 보이거나, 먹이를 가져오곤 했던 사람의 모습이 보이거나, 그의 발걸음 소리만 들려도 침을 흘렸다. 어떤 때는 실험실에 개가 들어오자마자 침을 흘리기도 했다.

생리학자인 파블로프에게 이것은 전혀 예상치 못한 일이었다. 침 흘리기는 먹이가 입에 들어와야 유발되는 자동적인 반사반응으로, 먹이 그릇이나 발걸음 소리에는 침이 나올 수가 없어야 했다. 생리

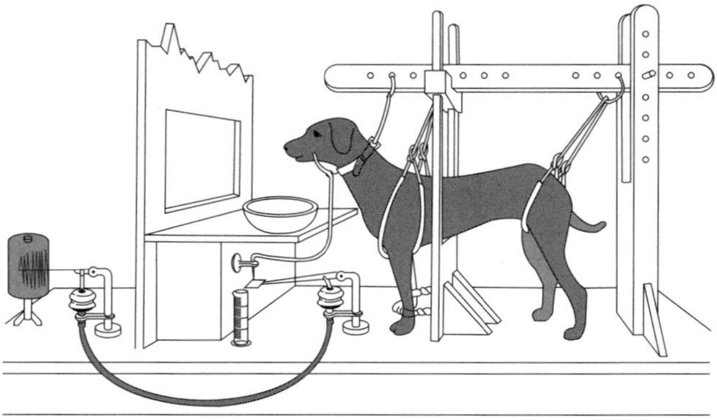

그림 1-2 **개를 대상으로 고전적 조건형성을 연구하기 위한 파블로프의 실험 장치**

출처: 윤가현 외(2012).

학자의 입장에서는 그렇다. 그런데 파블로프의 개는 침이 나올 수 없는 때에 침을 흘리고 있었다. 입속에 먹이가 없는데도 어떻게 그럴까? 물론 개가 먹이가 곧 주어질 것을 아니까 침을 흘린다고 설명할 수 있다. 그래서 처음엔 파블로프도 이 현상에 '심적 분비(psychic secretion, 또는 정신적 분비)'라는 이름을 붙였다. 개의 생각이나 기억, 소망에 의해 침 흘리기가 일어난다는 의미로 말이다. 사실 단순히 맛있는 음식에 관해 이야기하거나 상상만 해도 입에 침이 고일 수 있다는 것을 사람들은 이미 알고 있다. 그러나 파블로프를 혼란스럽게 한 것은 개가 실험실에 최초로 들어왔을 때는 종소리에 침을 흘리지 않다가 여러 번 먹이를 받아먹은 후에야 종소리에 침을 흘렸다는 사실이다. 이게 어찌 된 일인가? 어떻게 침 분비샘이라는 생리기관의 작용이 경험에 의해 달라질 수 있단 말인가? 침 분비샘이 무언가를 경험할 수 있는 기관이라도 된다는 말인가?

만약 심(心)적 분비가 정말로 마음의 산물이라면, 그것은 유물론자이자 생리학자인 파블로프의 연구 영역을 벗어나는 주제였다. 반면에 심적 분비가 분비샘에서 일어나는 일이라면 생리학자가 연구해서는 안 될 이유가 어디 있을까? 파블로프는 이 두 논리 사이에서 고민하다가 결국 새로운 도전에 대한 유혹을 뿌리칠 수 없게 되었다. 파블로프는 소화의 생리학에 관한 연구로 노벨상을 받았지만, 지금은 고전적 조건형성[6]의 또 다른 이름이 **파블로프식 조건형성**(Pavlovian conditioning)으로 불릴 만큼, 이에 대한 연구로 훨씬 더 유명하다. 파블로프는 조건형성에 대한 연구 공로로 네 차례나 더 노벨상 후보에 올랐다(Benjamin, 2003).

그러면 파블로프는 심적 분비에서 마음이라는 걸 빼 버렸을까? 물론 그랬다. 그는 심적 분비라는 용어를 버리고 앞서 설명했듯이 반사를 무조건반사와 이에 대립하는 조건반사로 나누었다. 심적 분비는 이제 조건자극에 대해 조건반응이 나오는 조건반사가 된 것이다. 그렇다면 개는 종소리가 들리면 곧 먹이가 주어질 것이라고 '생각'하거나 '기대'하거나 '소망'해서 침을 흘리는 게 아니라는 말이 될까? 그렇다. 개는 종소리가 들리면 그냥 자동으로 침을 흘릴 뿐이다. 우리가 무릎반사를 할 때 무언가 생각하거나 예상하고 할까? 아니다. 무릎반사는 자동으로, 저절로, 무의식적으로, 불수의적으로

6) 고전적 조건형성에 왜 '고전적'이란 이름이 붙었을까? 파블로프가 이 연구를 시작한 이후에 미국에서 손다이크(E. L. Thorndike)가 도구적 조건형성을, 곧이어 스키너(B. F. Skinner)가 조작적 조건형성을 연구했다. 후자의 두 가지는 논리적으로 동일한 것이어서 이름은 다르지만 같은 종류의 학습으로 간주된다. 따라서 시간 순서상 파블로프의 연구가 앞서 있기 때문에 고전적 조건형성이라 부르게 되었다.

나오는 무조건반사다. 앞서 언급된 트윗마이어의 실험 참가자는 종소리가 들리자, 고무망치가 무릎을 치지 않았는데 자신도 모르게 무릎반사를 나타냈다. 이와 마찬가지로 침 흘리기라는 조건반사도, 반사인 만큼, 자동적이고 불수의적으로 나온다. 여기에 개의 생각이나 기대나 소망이라는 개념은 필요하지 않다.

물론 개가 종소리가 들리면 먹이가 주어질 것이라고 '생각'하거나 '기대'해서 침을 흘릴 수도 있다. 만약 그게 사실이라면, 개보다 지능이 낮을 것 같은 다른 동물의 경우는 어떨까? 고전적 조건형성이라는 학습 능력을 보유한 동물 종의 한계는 어디까지일까? 쥐는 당연히 고전적 조건형성이 가능하고, 물고기도 가능하며, 달팽이도 가능하다. 바퀴벌레도, 초파리도, 심지어 플라나리아도 가능하다. 최근에는 단세포 생물인 아메바조차 고전적 조건형성이 가능함을 보여 준 연구가 나왔다(De la Fuente et al., 2019)! 초파리나 플라나리아 또는 아메바는 조건자극이 주어지면 곧 무조건자극이 올 것으로 생각하거나 기대하기 때문에 조건반응을 나타내는 걸까? 그럴리 없다. 이 동물들은 조건반응이 '반사적으로' 나온다는 말이 아주 적절하며, 더 이상의 다른 설명이 필요 없다. 그렇다면 이 동물들에게 적용되는 설명이 개나 사람에게 적용되면 안 될 이유가 있을까? 과학적으로는 최소한의 가정과 원리로 최대한 많은 현상을 설명하는 것이 미덕이다(이에 대해서는 23장에 나오는 '모건의 규범'을 보라). 인간의 조건반사도 초파리, 플라나리아 또는 아메바의 조건반사와 논리적으로 다르지 않다. 치킨 광고를 보자 저절로 입에 침이 고이는 경우, 이 침 흘리기는 조건반응일 수밖에 없다(치킨이 입안에 없는데도 침이 나오니까 무조건반응이 아니다). 지금 당장은 치킨을 먹을 수 있는 상황이 아니라서 먹기를 기대하지 않아도, 즉 치킨을 먹을 수 없음을 '알고' 있어도, 야속하게 침은 나온다. 초파리나 플라나리아와 마찬가지로 사람도 생각이나 기대 없이, 심지어는 알고 있는 것과 무관하게, 조건반사적으로 침을 흘릴 수 있다. 우리는 조건반사적으로 무언가를 했다는 말을 쓸 때가 있는데, 이는 의도와는 상관없이 그리고 의식적 통제를 벗어난 상태에서 그것을 했다는 뜻이다.

그림 1-3 **치킨 광고를 보니 입에 침이 고이는가?**

출처: 교촌TV 광고. (2024. 10. 22.).

6. 내 마음이 왜 이럴까

지금까지 반사에 관한 이야기를 한 이유는 조건반응이 반사반응이므로 우리 맘대로 통제할 수 없다는 것을 강조하기 위해서다. 반사라면 사람들은 아주 단순한 것으로 생각한다. 사실 그렇다. 그런데 그 단순한 반사가 우리의 인생을 복잡하게 만든다. 앞서 보았듯이 배가 고플 때 치킨 광고가 보이면 저절로 입에 침이 고인다. 그런 침이야 꿀꺽 삼키고 말면 그만이지만, 저절로 유발되는 것이 감정일 때는 이야기가 다르다. 감정을 우리가 통제하기 힘든 이유는 우리의 감정 대부분이 고전적 조건형성을 통해 습득된 조건반응이기 때문이다. 게다가 침은 꿀꺽 삼키면 일단 없어지지만, 한 번 유발된 감정은 침 흘리기보다 훨씬 더 오래간다는 것이 문제다.

고전적 조건형성으로 침 흘리기 같은 운동 반응만 습득되는 것으로 생각하는 이가 많겠으나, 감정도 습득될 수 있다는 사실이 사람에게는 대단히 중요하다. 개를 길러 본 사람은 알겠지만, 주인이 먹이를 주려고 하면 개는 어떻게 행동하는가? 대개 흥분해서 주인을 따라다니며 꼬리를 흔들고 부산하게 움직인다. 이런 행동들이 개의 감정을 나타내는 걸까? 물론이다. 개가 감정을 느끼는 동물이 아니라면 개를 기르고 싶어 하는 사람이 있을까? 어쩌면 개는 순수한 감정의 화신이라서 인간의 반려동물이 되었는지도 모른다. 종소리와 먹이가 짝지어질 때, 먹이는 개에게서 침 흘리기뿐 아니라 즐거운 감정까지도 당연히 일으킬 것이다. 그리고 그 감정은 조건반응의 일부로 습득된다. 그런 개에게 종소리를 들려주면 침 흘리기뿐 아니라 꼬리 흔들기 및 부산한 움직임(감정의 지표가 되는)도 함께 나타난다. 종소리(조건자극)가 정서 행동이라는 조건반응도 유발하는 것이다. 여기서 개가 종소리를 좋아하게 되었다고 말하는 것이 무리한 일은 아니다.

앞서 2장에서 소개한 자기 학대적인 개의 예는 고전적 조건형성으로 습득되는 중요한 반응 중 하나가 감정임을 극적으로 보여 준다. 개가 전기충격을 좋아하는 듯한 조건반응을 나타냈다는 사실은 먹이(무조건자극)가 일으키는 긍정적 감정이 전기충격이 일으키는 혐오 반응을 능가할 만큼 강했고, 그것이 전기충격(조건자극)에 대한 조건반응의 일부로 습득되었음을 알려 준다. 이 실험은 조건반사가 무조건반사를 이길 수도 있음을 입증하는 좋은 예다. 어떤 행동 특성은 선천적으로 결정되어 있다고 하더라도 살면서 겪는 경험에 의해 수정될 수 있다.

사람도 고전적 조건형성을 통해 감정이 습득될까? 사람의 감정은 매우 복잡미묘하다. 그중에서 타고나는 부분은 얼마나 될까? 사실 생후 몇 개월 안 된 유아에게서 어떤 감정적 반응을 유발하는 자극은 많지 않다. 유아의 피부를 쓰다듬으면 유아가 웃고 소리를 낸다. 우리는 이를 보고 유아가 쓰다듬어 주는 것을 좋아한다고 해석한다. 쓰다듬기는 유아에게 즐거움이라는 감정을 일으키는 무조건자극이라 할 수 있다. 그런데 그런 유아에게 돈이나 A+라는 학점을 보여 주면 좋아할까? 어른이 좋아하는 그 많은 자극 중에서 유아를 즐겁게 만드는 것은 거의 없다. 어른은 곤충이나 배설물 같은 것을 싫어해서 만지려고도 하지 않지만, 유아는 거리낌 없이 입에 넣으려 한다. 즉, 유아에게 별다른 정서 반응을 일으키지 않는 자극에 대해 어른은 감정적으로 반응한다. 그렇다면 유아에게는 중성적이었던 자극들이 어떻게 어른에게는 혐오, 공포, 사랑, 분노 같은 감정을 일으키는 자극이 된 걸까? 이에 대해 심리학에서 **행동주의**(behaviorism)의 아버지라 불리는 존 왓슨(John B. Watson)은 고전적 조건형성을 통해서라고 답했다. 그는 인간의 정서를 실험을 통해 체계적으로 연구한 최초의 인물로서, 그와 제자들은 비교적 적은 수의 자극만이 강한 감정을 일으키지만, 그런 자극과 짝지어진 다른 자극 또한 그런 감정을 일으키게 된다는 것을 보여 주었다. 유명한 아기 앨버트(little Albert) 실험을 살펴보자([그림 1-4] 참조).

왓슨과 그의 대학원생 레이너는 공포에 대한 일련의 연구를 하였다(Watson, 1930; Watson & Rayner, 1920). 이들은 먼저 유아를 여러 명 데려와서 불, 개, 고양이, 실험용 쥐 및 기타 자극에 어떻게 반응하는지 검사했다. 당시에는 그런 것들이 선천적 공포를 일으킨다고 생각되었지만, 유아들은 그런 물체를 전혀 두려워하지 않았다. 반면에 별안간 꽝 하고 나는 커다란 소리가 울음 및 기타 공포 반응을 일으키는 무조건자극이라는 것은 확실히 밝혀졌다.

다음 단계는 앨버트라는 11개월 된 남자아이에게 고전적 조건형성을 통해 공포 반응을 습득시키는 것이었다. 이 아이는 흰쥐, 비둘기, 토끼, 개, 원숭이, 솜, 불붙은 신문지 등의 물체에 아무런 공포를 나타내지 않았다. 그는 잘 울지 않는 유쾌하고 정상적인 아이로 보였다. 왓슨과 레이너는 앨버트에게 흰쥐를 보여 주고는 앨버트 뒤에서 망치로 쇠막대를 내리쳐서 꽝 하는 큰 소리를 들려주었다. 즉, 흰쥐가 조건자극, 큰 소리가 무조건자극인 고전적 조건형성을 실시했다. 앨버트는 큰 소리에 깜짝 놀라는 반응을 보였다. 이와 같은 시행을 몇 번 하고 나자, 앨버트는 흰쥐를 보는 순간 울기 시작하였고 기어서 달아났다. 큰 소리가 나지 않았는데도 말이다. 앨버트는 고전

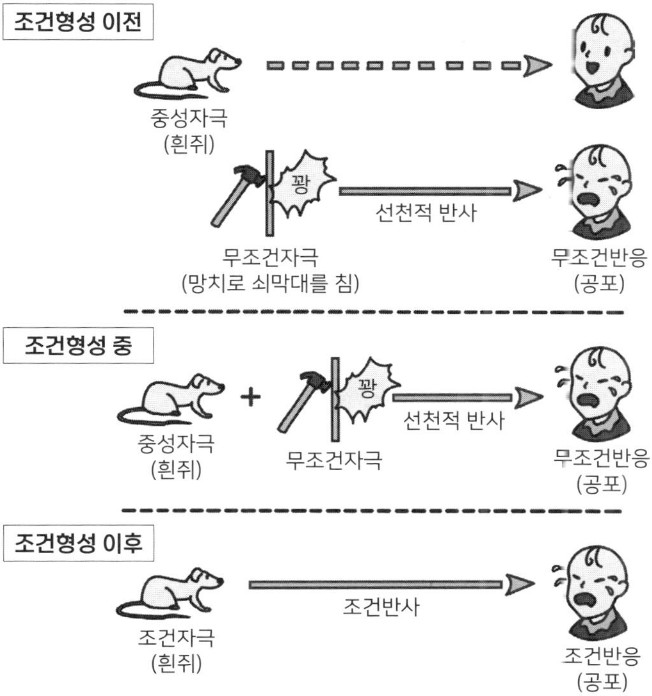

그림 1-4 아기 앨버트에 대한 공포 조건형성

적 조건형성을 통해 흰쥐를 두려워하기를 배운 것이다. 이후의 다른 연구에서 어른들도 고전적 조건형성을 통해 공포가 습득될 수 있음을 보여 주었다(예: Öhman, Fredrikson, Hugdahl, & Rimmo, 1976). 왓슨은 그렇게 학습된 감정을 **조건 정서반응**(conditioned emotional response)이라고 불렀다.[7)]

어른은 대개 두려운 대상이 있어도 그것에 접근할 필요가 있다면 무조건 도망가지는 않는다. 즉, 공포를 억제하는 능력이 있다. 그렇기는 해도 공포가 강할 경우에는 맘대로 억제하지 못한다. 비행공포증이 있는 사람에게 비행기 사고율이 자동차 사고율보다 훨씬 더 낮다고 이야기해 봤자 아무 소용이 없다. 어떤 정보를 아무리 잘 알고 있어도 그 인지(cognition)가 공포라는 감정을 통제하지 못할 때가 많다. 왜 그럴까? 이미 짐작했겠지만, 대개의 공포는 살아오면서 습득한 조건반응이기 때문이다(유아에게 공포 반응을 유발할 수 있는 자극이 별로 없음을 상기하라). 우리는 인생에서 때때로 특정 자극이 심리적 충격을 일으키는 나쁜 사건과 짝지어지는 경험을 한다. 예컨대, 어릴 때 개에게 물려서 개를 두려워하게 된 사람들이 있다. 이들에게는 개라는 자극이, 물리는 통증이라는 무조건자극과 짝지어져서 개(이제는 조건자극이 된)만 보아도 공포라는 조건반응이 유발된다. 이들은 개를 기르는 친구 집에 놀러 가면 개가 아무리 온순해서 물지 않는다고 말

7) 아기에게 의도적으로 공포를 습득하게 한 이 연구는 물론 윤리적 문제가 있지만 그것은 현재의 관점에서 볼 때의 이야기다. 과거의 잣대로 현대인의 행동을 판단하는 것이 문제가 있는 것처럼 현재의 잣대로 과거의 사건을 판단하는 데도 신중해야 한다. 예컨대, 조선 시대의 남성은 머리털을 자르지 않았고 여성은 자신의 발목조차 드러내지 못했다. 현대 한국인의 복장에 대해 조선 시대 조상님들은 뭐라고 말할까?

해 주어도 개를 방에 가둘 때까지 두려움에 떨고 있게 된다. 또 다른 전형적인 예는 전투에서 외상후 스트레스 장애를 얻은 군인들이다. 이들은 놀이공원이나 축제에서 터지는 폭죽 소리에 몸이 굳어 버리거나 땅바닥에 납작 엎드리는 등 공포 반응을 나타낼 수 있다. 다른 사람들은 모두 불꽃놀이를 즐기고 있는데 말이다. 아마도 전투에서 총소리나 폭발음(즉, 조건자극)이 들린 후에 사람이 끔찍하게 죽은 모습(즉, 무조건자극)을 본 경험이 폭죽 소리에 공포 반응을 나타나게 했을 것이다. 이 공포 반응은 전쟁터에서 습득된 조건반응이어서 지금의 평화로운 놀이공원이나 축제에서는 전혀 나올 필요가 없는 것이다. 하지만 그런 상황이나 개인의 의지와 상관없이, 조건자극과 유사한 자극이 주어지면 자동으로(즉, 조건반사적으로) 공포 반응이 유발된다. 우리는 그런 조건반응을 의식적으로 억제하기 힘들다.[8)]

조건반응을 우리가 맘대로 통제하기 힘들다는 점을 잘 보여 주는 또 다른 예는 **맛 혐오 학습**(taste aversion learning)이다. 독자는 별다른 이유 없이 먹기 싫어하는 음식이 있는가? 다른 사람은 모두 잘도 먹는 음식을 왜 어떤 사람은 먹지 못할까? 특정한 맛을 싫어하는 생물학적 기질을 타고난 탓도 있을 수 있지만, 또 다른 중요한 원인은 고전적 조건형성에 있다. 쥐들은 단맛을 좋아한다. 그래서 단맛이 나는 물을 주면 처음에 약간만 먹어 보고 탈이 나지 않으면 그다음부터

....

8) 공포는 동물의 생존에 결정적으로 중요하다. 생명의 위협에도 공포를 느끼지 않는 개체는 자손을 낳기 전에 죽을 가능성이 크고, 따라서 그런 개체들의 유전자는 진화상 도태되기 마련이다. 공포라는 감정의 중요성 때문에 원래 중성자극이었던 것이 공포를 일으키는 무조건자극과 짝지어짐으로 인해 공포를 일으키는 조건자극으로 변하는 고전적 조건형성을 특별히 공포 조건형성(fear conditioning)이라고 부른다.

는 맹물보다 단물을 선호한다. 그런데 쥐에게 단물을 처음 맛보게 하고 X선을 쬐어서 배탈이 나게 만들면 그다음에는 단물을 주어도 더 이상 마시지 않는다(Garcia & Koelling, 1966). 이는 단물의 맛이라는 조건자극이 배탈이라는 무조건자극과 짝지어지는 고전적 조건형성이고, 배탈로 인한 괴로움과 혐오감이 무조건반응으로 나타난다. 이 학습의 결과로 단맛을 회피하는 조건반응이 유발된다. 사람의 경우에도 새로운 음식을 먹고서 메스꺼움을 느끼거나 구토를 하게 되면 다시는 그 음식을 쳐다보지도 않게 되기 마련이다. 아무리 다른 사람들이 그 음식이 맛있다고 권하고, 그래서 먹으려고 노력해도 그 음식이 유발하는 혐오감을 이기고서 먹게 되지 않는다. 물론 시간이 한참 지나고 나면(대개 몇 년 이상 걸린다) 그 음식을 먹게 될 수도 있다.

고전적 조건형성을 통해 공포 같은 부정적 감정만 습득되는 것은 아니다. 조건자극이 유쾌한 감정을 일으키는 무조건자극과 짝지어지면 당연히 유쾌한 조건반응이 습득된다. 사람들이 선물을 주는 이유는 여러 가지가 있겠지만, 그 효과는 고전적 조건형성에 의존하는 부분이 많다. 내가 특별한 매력 포인트가 없는 평범한 사람이라고 하자. 나의 이상형에 가까운 어떤 사람을 만났고 그 사람과 사귀고 싶다. 어떻게 해야 할까? 그 사람에게 현재 나는 별달리 좋지도 않고 싫지도 않은 중성자극이다. 그가 나에게 호감을 느끼게 하는 한 방법은 그에게서 이미 호감을 일으키는 자극을 나와 짝짓는 것이다. 예컨대, 그가 좋아할 선물을 내가 직접 건네줄 때, '나'라는 중성자극이 선물이라는 무조건자극과 짝지어진다. 또 다른 방법은 그 사람이 나와 함께 있을 때 즐거운 일이 일어나게 하는 것이다. '나'라는 중성자극이 즐거운 일이라는 무조건자극과 짝지어지면 내가 그 사람에게서 즐거움이라는 조건반응을 유발하는 조건자극이 될 수 있다(예: 사랑하는 이를 위해 이벤트를 계획해서 실행하는 것). 이런 일이 여러 번 반복되면 고전적 조건형성이 여러 차례 실시되는 것이고 따라서 그에게서 나에 대한 호감이 점점 커지게 된다. 연애 과정에서 부지불식간에 고전적 조건형성이 중요한 역할을 하는 것이다. 이처럼 조건자극이 긍정적 감정을 조건반응으로 유발하는 것은 괴로운 일이 아니기 때문에 내 감정을 스스로 통제하지 못해서 괴롭다는 불평이 나오지 않는다. 요약하자면 내 마음이 왜 이럴까라고 고민할 때, 그 이유는 (여기서 마음은 감정을 의미한다고 할 때) 감정이 대부분 의도대로 통제되지 않는 조건반응이기 때문이다.

7. 애증 같은 복잡미묘한 감정이 조건반응일까

유아가 공포 같은 단순하고 강력한 감정을 고전적 조건형성을 통해 습득할 수 있다손 치더라도 어른이 느끼는 복잡미묘한 감정까지 그런 단순한 학습 원리로 설명할 수 있을까? 시원섭섭함, 서러움, 죄책감, 안도감, 청량함, 허탈함, 부러움, 수치심, 배신감, 열등감 등 그 많은 감정이 모두 고전적 조건형성으로 습득될 수 있다고? 모든 감정에 대해 그렇다는 것을 보여 주기는 어렵겠지만 가능성은 충분히 있다. 대표적인 한 예로 애증(愛憎)이라는 감정을 살펴보자.

애증이란, 말 그대로 사랑과 미움이라는 서로 반대되는 감정이 섞인 것이다. 내가 어떤 사람을 좋아하면서 싫어한다고? 어떻게 그런 일이 가능해질까? 다음과 같이 설명할 수 있다. 우리가 사랑과 미움을 모두 느끼는 대상은 대개 오랜 세월 가까이 지내 온 이들이다. 그 세월 동안 좋은 일 또는 나쁜 일만 생기지는 않는다. 어떤 사람은 한결같이 사랑만 주기도 하지만 대부분의 사람은 우리를 즐겁게도, 화나게도 한다. 예컨대, 평생 한 번도 부부싸움을 하지 않는 부부는 거의 없다. 사랑해서 결혼했지만 살면서 성격이나 의견 차이로 인해 싸우게 되면 서로에 대한 미움이 생겨난다. 애초에는 중성자극이었던 사람이 세월이 가면서 즐거움을 유발하는 무조건자극과 짝지어지기도 하고 괴로움을 유발하는 무조건자극과 짝지어지기도 하면서 사랑과 미움을 모두 유발할 수 있는 조건자극으로 변해 가는 것이다. 너무 설명이 간단해서 받아들이기 싫은가? 애증 같은 복잡한 감정이라면 무언가 복잡하고 신비로운 과정을 통해 만들어져야 하지 않을까? 만약 독자가 어떤 사람에 대한 애증은 그 사람이 나에게 잘해 줄 때도 있고 못해 줄 때도 있기 때문에 생긴다고 생각했다면, 그것이 바로 고전적 조건형성을 토대로 한 설명과 기본적으로 똑같은 것이다.

이 설명에서 한 가지 의문은 하나의 조건자극이 서로 반대되는 효과를 내는 무조건자극들과 짝지어지면 어떤 조건반응이 습득될까이다. 그런데 이에 앞서, 하나의 조건자극에는 하나의 조건반응만 습득될까? 그렇지는 않다. 2장 '자기 학대적인 개'에서 보았듯이 하나의 조건자극(전기충격)에 여러 개의 조건반응(침 흘리기, 꼬리 흔들기, 부산하게 움직이기 등)이 습득될 수 있다. 이는 우리가 반응을 몇 개나 측정하는가에 달린 일이다. 조건자극이든 무조건자극이든 한 자극이 오로지 하나의 반응만 유발하는 경우가 오히려 드물 것이다.

그러면 하나의 조건자극에 대해 서로 반대되는 조건반응이 습득될 수 있을까? 동작의 경우에는 상반되는 두 가지(예: 서 있기와 앉아 있기)가 동시에 일어날 수 없다. 하지만 '웃프다'라는 말에서처럼 감정의 경우는 다를 수 있다. 실제로 한 조건자극에 대해 혐오와 선호가 동시에 습득될 수 있음을 보여 준 연구가 있다(Lett et al., 2001). 물론 이 연구에서 각 감정을 추론해 내기 위한 행동 검사로는 두 가지가 따로 시행되었다. 그러므로 동일한 사람이 나에게서 사랑과 미움을 모두 일으키는 것은 고전적 조건형성으로 설명하기 힘든 일이 아니다. 그런데 이보다 더 그럴듯한 설명이 있다.

파블로프는 개의 실험 환경을 완벽하게 통제하여 종소리를 제외하고 다른 모든 자극을 똑같게 유지했다. 오직 종소리가 들릴 때만 먹이를 줌으로써 종소리와 먹이만이 일관성 있게 짝지어지도록 환경을 만든 것이다. 그러나 실생활에서는 이처럼 다른 모든 자극이 동일하게 유지되면서 학습할 자극만 체계적으로 변하지는 않는다. 일상생활에서는 어떤 자극이든지 항상 특정한 상황 또는 맥락 속에서 제시된다. 그래서 하나의 물리적인 자극이 다양한 상황에서 제시될 때는 그 맥락과 합쳐져서 약간 다른 '자극 복합체'라 할 수 있는 것이 형성된다. 남편이나 아내라는 대상은 항상 똑같을지라도 즐거운 일과 화나는 일이 일어나는 맥락은 서로 다르다. 따라서 즐겁거나 화나는 일이 무조건자극으로서 일어날 때 그것과 짝지어지는 조건자극은 '사람 더하기 맥락 자극'이 된다. 편의상 남편을 조건자극의 일부로 삼아 도식적으로 나타내면 〈표 1-1〉과 같다.

표 1-1 동일한 자극이 다른 맥락에서 제시될 때

조건자극	무조건자극	무조건반응	조건반응
맥락 A에서의 남편	유쾌한 사건	즐거움	즐거움(사랑)
맥락 B에서의 남편	불쾌한 사건	화가 남	화가 남(미움)

따라서 어떤 맥락에 있는가에 따라 남편에 대해 아내는 즐거움(또는 사랑)을 느낄 수도, 화(또는 미움)를 느낄 수도 있다. 동일한 사람에 대해 상반된 감정이 느껴지는 것이 애증이라고 흔히들 생각하지만, 사실은 '동일한 사람 + 맥락'이라는 자극이 특정 감정을 조건반응으로써 유발한다고 볼 수 있다. 다시 말하면, 조건자극이 조금이라도 다르기 때문에 서로 다른 조건반응이 유발된다는 것이다.

애증이라는 모순적인 감정이 이리도 간단히 설명되다니 허탈하지 않은가? 원한다면 더 복잡한 설명을 들려줄 수 있다. 지금까지 남편이라는 대상이 항상 일정한 자극인 것처럼 이야기했다. 하지만 사실은 특정 순간의 기분, 표정, 행동, 복장 등에 따라서 남편이라는 자극은 약간씩 변해서 서로 다른 여러 개의 자극이 된다. 그리고 그 다양한 버전(version)의 '남편 자극'이 유쾌하거나 불쾌한 다양한 사건들과 짝지어진다. 아내가 생각하는 남편은 똑같은 사람이지만 고전적 조건형성이 이루어질 때는 여러 개의 남편 자극 각각이 서로 약간씩 다른 조건자극으로서 다양한 무조건자극과 짝지어지는 것이다. 이것을 앞서 이야기한 맥락 자극의 다양성과 합쳐서 생각해 보면, 애증이라는 감정은 사실상 약간씩 다른 조건자극들에 대해 상이한 조건반응들이 유발되는, 별로 특별한 것 없는 현상이 되어 버린다. 편안한 맥락에서 남편의 웃는 얼굴이라는 조건자극은 아내에게 사랑이라는 조건반응을 일으키는 반면, 불편한 맥락에서 남편의 짜증 난 얼굴은 미움이라는 조건반응을 일으킨다.

애증은 그렇다 쳐도 다른 복잡미묘한 감정들도 이런 식으로 설명할 수 있을까? 허무함 같은 감정이 어떻게 고전적 조건형성으로 습득될지는 사실 상상하기 힘들다. 그런 감정들은 복잡다단한 인생 경험에서 저절로 생겨나는 걸까? 그렇다면 저절로 생겨난다는 말이 무슨 뜻일까? 어떻게 무언가가 저절로 생겨난다는 말인가? '저절로'라는 말은 사실상 아무것도 설명해 주지 않으며, 우리가 아는 게 없다는 고백이나 다름없다. 유아가 갖지 못한 감정들을 어른이 갖고 있다면 그런 감정들은 성장하면서 어떤 식으로든 습득한 것임이 분명하다. 우리가 알고 싶은 것은 그 감정들이 '어떻게' 생겨났는가다. 어떤 이는 복잡한 감정들의 씨앗이 유아에게 있는데, 아이가 성장하면서 그것이 발달하고 분화한다고 설명할지도 모르겠다. 그렇다면 어떻게 발달하고 분화하는지 그 과정을 알려 주기를 바란다. 저자가 아는 한, 복잡한 감정들이 생겨나는 '과정'을 구체적으로 설명하는 이론은 고전적 조건형성 이외에 없다.

여기서 한 가지 중요한 문제는 복잡미묘하다는 그 많은 감정이 어쩌면 실체가 있는 게 아닐지도 모른다는 것이다. 우리는 몇 개나 되는 감정을 갖고 있을까? 열 개? 스무 개? 그보다는, 다양한 감정이 수를 따질 만큼 명백하게 구분될 수나 있을까? 복잡한 감정들은 사실 우리에게 일어나는 다양한 신체 반응들(심장박동, 혈압, 땀 흘리기, 체온, 근육 긴장, 몸 떨림 등)의 독특한 조합마다 붙여진 상이한 이름(문화마다 다를 수 있는)에 불과할 수도 있다. 이론적 관점에 따라서는 감정의 수를 묻는 말 자체가 성립이 안 되기도 한다. 감정 전반에 대한 논의는 이 책의 범위를 넘어서는 것이기 때문에 독자에게 정서심리학을 공부해 보기를 권한다.

8. 어떻게 무생물에게 감정을 느끼게 될까

앞에서 살펴본 내용은 고전적 조건형성을 통해서 외적인 반응만이 아니라 내적인 감정도 습득될 수 있다는 이야기였다. 즉, 조건자극이 무조건자극과 짝지어지자, 무조건자극이 일으키는 감정을 조건자극도 일으킬 수 있게 되었다. 이를 좀 더 추상적으로 말하면, 고전적 조건형성에서 중성자극은 무조건자극과 짝지어지면 그 무조건자극과 같은 힘을 지니게 된다. 중성자극이 무조건자극과 같은 힘을 갖게 된 순간, 그것은 더 이상 중성자극이 아니라 조건자극이다. 중성자극의 기능이 고전적 조건형성을 통해서 달라지는 것이다. 전형적인 파블로프의 실험과 이 책의 앞머리(2장)에서 소개한 자기 학대적인 개의 예가 이를 잘 보여 준다. 먹이와 짝지어진 종소리나 전기충격은 먹이처럼 감정을 유발하는 힘을 갖게 되어 그 자체만으로도 특정한 반응을 일으킨다. 전혀 매력 없는 용모를 한 가수가 노래를 부르는 순간, 그 노래가 워낙 좋아서 그 가수의 얼굴이 괜찮아 보이게 되는 경험을 한 적이 있는가? 가수가 조건자극, 감동적인 노래가 무조건자극으로 함께 짝지어져서 노래가 일으키는 즐거움이나 호감(무조건반응)을 가수가 (노래하고 있지 않을 때도) 유발하게 되는 일(조건반응)이 일어날 수 있다. 아마도 이러한 경험을 한 이가 상당히 있을 것이다.

조건자극이 무조건자극과 같은 힘(특히, 감정을 유발하는)을 지니게 된다는 사실 덕분에 어떻게 사람들이 살아 있는 생명체가 아닌 물건에 대해서도 감정을 느끼는지를 쉽게 설명할 수 있다. 여러 해 전에 일본에서 로봇 개의 장례식을 주인들이 치러 준다는 뉴스가 들려왔다([그림 1-5] 참조). 로봇 개는 살아 있는 생명체가 아니어서 죽는다는 것 자체가 불가능한데, 웬 장례식까지 치러 가며 호들갑을 떠는 걸까? 이 로봇 개는 일본 회사 소니(Sony)가 1999년에 출시해 2006년에 생산 중단한 '아이보'라는 이름의 애완견 로봇이다. 90년대부터 고령화가 시작된 일본에서 애완동물조차 키울 수 없는 독거노인들이 아이보를 구매해서 10년 넘게 같이 생활하는 경우가 많았다. 전자제품인 아이보는 결국에는 고장이 나고 세월이 지나 수리조차 불

그림 1-5 애완용 로봇 아이보의 장례식

출처: 로봇신문(2017. 6. 13.). 소니 애완 로봇 '아이보' 합동 장례식 화제.

가능해졌다. 그래서 어떤 주인들은 고장 난 아이브를 가지고 마치 반려동물을 잃은 것처럼 절에서 주지 스님이 불경을 낭독하고 문상객이 지켜보는 가운데 장례식을 치러 주었다고 한다. 어떤 물건을 오랫동안 보유하면 그것에 애착이 생기는 것은 당연할 것이다. 주인이 강한 애착이 생겼을 것이므로 로봇 개 아이보의 장례식까지 치러 주었을 터다. 애착이란 개념으로 로봇 개의 장례식을 충분히 설명할 수 있을 것 같다.

그런데 한 단계 더 깊이 들어가서 물어보자면, 물건에 대한 애착은 '어떻게' 생기는 걸까? 물론 짐작했겠지만, 고전적 조건형성을 통해서다. 아이보를 처음 보면 신기하다는 생각은 들지언정 곧바로 사랑이나 미움 같은 감정이 느껴지진 않을 것이다. 그런데 아이보가 짖기도 하고 귀여운 동작도 하고 사람의 명령을 알아듣는 듯한 행동도 하면 주인은 즐거움을 느낄 것이다. 즉, 아이보의 모습이 조건자극, 아이보의 여러 행동이 무조건자극, 그로 인해 유발되는 즐거움이 무조건반응이라고 할 수 있다. 시간이 가면서 이러한 고전적 조건형성 시행이 많이 반복되면 주인은 아이보(조건자극)만 보아도 즐거움(조건반응)을 느끼고 항상 아이보를 가까이 두고 싶어 하게 된다. 그런 상태를 가리켜 애착이 생겼다고 말할 수 있을 것이다. 그런 로봇 개는 주인에게서 자신과 감정적 유대가 없는 친자식보다도 더 큰 사랑의 감정을 유발할지도 모른다.

최근에는 반려동물이 아니라 반려돌(石)을 키우는 사람들도 생겨났다. 돌멩이를 키우다니? 무생물의 대표 격이라 할 수 있는 돌멩이를 반려 삼는 데는 아마도 고전적 조건형성보다는 돌멩이를 생명체처럼 취급하는 상상력이 먼저 작용할 것이다. 그런데 돌멩이에다가 이름을 지어 주고 모자를 씌워 주고 옷을 입혀 주는 등의 활동을 하는 과정에서 즐거움이 느껴진다거나 아무것도 하지 않고 그저 바라보기만 하는데 편안함이 느껴진다고 하자. 그러면 그 돌멩이를 조건자극으로, 돌멩이에게 사람이 하는 행동을 무조건자극으로, 그리고 그러한 행동이 가져오는 즐거움이나 편안함을 무조건반응으로 볼 수 있다. 나중에는 돌멩이를 가지고 아무것도 하지 않고 바라만 보아도 즐겁고 편안해지는 조건반응이 나올 수 있다. 우리가 무생물에게 감정이입을 하는 순간부터 고전적 조건형성이 일어나기 시작한다.

그런데 여기서 돌멩이에게 사람이 하는 행동 자체를 무조건자극이라고 보았는데, 이는 곧 행동을 자극으로 본다는 말이다. 행동과 자극은 엄연히 다른 것인데 무슨 소리일까? 우리는 자신이 무슨 행동을 하고 있는지 자각할 수 있다. 예컨대, 내 팔이 어느 위치에 있는지 또는 어떻게 움직이고 있는지 눈을 감고도 알 수 있다. 왜냐하면 근육과 관절에 있는 고유감각수용기(proprioceptive receptor)가 팔의 위치와 운동을 알려 주기 때문이다. 우리 자신의 움직임도 외부에서 들어오는 자극과 마찬가지로 하나의 감각자극으로 지각된다. 즉, 우리 자신의 행동도 우리에게는 또 다른 자극이다.

우리는 무생물에 대한 긍정적 정서뿐 아니라 부정적 정서도 물론 습득할 수 있다. 『수학의 정석』이란 책이 눈에 들어오면 좌절감과 혐오감에 책을 던져 버리고 싶은 사람이 적지 않을 것이다. 아무리 끙끙대도 수학 문제를 풀지 못했던 사람은 그로 인한 좌절감이

나 혐오감이 수학책과 짝지어질 것이고 따라서 『수학의 정석』이 보기도 싫어질 것이다. 치과 병원에서 고통스러운 치료를 받은 사람은 치과 병원 냄새만 맡아도 피하고 싶어진다. 치과 병원 냄새(조건자극)가 고통스러운 치료(무조건자극)와 짝지어짐으로 인해, 나중에 그 냄새만으로도 두려움이나 혐오감이라는 조건반응이 유발될 수 있다. 이러한 설명이 아무도 몰랐던 새로운 것은 물론 아니며, 아마도 독자도 이런 식으로 생각했을 수 있다. 그랬다면 독자도 이미 고전적 조건형성을 기반으로 무생물에 대한 우리의 감정을 설명하고 있었던 셈이다.

9. 광고는 고전적 조건형성 시행이라네

고전적 조건형성을 통해 사람들이 무생물에게도 감정을 느끼게 된다는 사실을 상업적으로 잘 활용하는 분야가 광고 산업이다. 신제품에 대한 광고가 대개 어떤 식으로 이루어질까? 전형적인 예로, 새로운 맥주가 출시되었을 때 인기 많은 연예인이 그 맥주를 들고서 매력적인 청춘남녀들과 즐거운 파티를 하며 노는 장면을 TV에서 볼 수 있다. 새로 출시된 맥주는 아직 얼마나 맛있는지 평판이 형성되기 전이어서 중성자극이라 할 수 있다(술이라면 무엇이든 좋아하는 사람에게는 새 맥주가 중성자극이 아니겠지만 이는 예외로 치자). 이 중성자극이 사람들에게서 호감과 즐거움을 불러일으키는 자극, 즉 유명한 연예인 및 즐거운 파티와 짝지어진다. 여기서 무엇이 조건자극이고 무엇이 무조건자극으로 작용하는지, 그리고 무엇이 무조건반응인지 쉽게 보이지 않는가? 현재로는 중성자극인 새 맥주가 조건자극, 연예인과 파티가 무조건자극, 이것이 유발하는 호감과 즐거움이 무조건반응이다. 이 광고를 하루에 몇 번씩 접하면 고전적 조건형성이 그 횟수만큼 시행되는 셈이다. 그래서 새 맥주가 점차로 조건자극이 되어 가면서 그 자체만으로도 호감과 즐거움이라는 조건반응을 유발하게 된다. 이 조건형성은 우리가 좋아하든 말든, 의식하든 말든 상관없이 진행된다. 우리가 그 광고를 보는 한에서는 말이다.

이런 광고를 본다고 해서 사람들이 바로 맥주를 사러 나가지는 않는다. 광고 회사의 목표는 상품에 대한 정보를 퍼뜨리는 것에서 끝나지 않는다. 더 중요한 것은 여러 브랜드의 상품이 매대에 나란히 놓여 있을 때 사람들이 그중 조금이라도 더 호감이 느껴지는 것에 손이 가도록 만드는 것이다. 여러 맥주 회사가 광고할 텐데 어떻게 자기네 맥주가 호감을 더 많이 일으키게 만들 수 있을까? 고전적 조건형성의 측면에서 보면 답은 명백하다. 더 강력한 무조건자극을 사용하면 된다. 이것이 여러 회사가 가능한 한 인기 높은 연예인을 광고 모델로 계약하려는 이유다. 이를 잘 보여 주는 것이 화장품 광고다. 화장품의 실제 효과는 여러 회사 간에 거의 차이가 없다고 한다. 따라서 어느 회사가 광고를 더 효과적으로 많이 하는가가 매출을 크게 좌우한다. 그리고 사람들은 화장품 광고에는 당대 최고의 인기를 누리는 연예인이 모델로 나온다는 사실을 알고 있다. 인기 최고인 연예인은 가장 강력한 무조건자극으로 작용할 것이다.

똑같이 고전적 조건형성을 이용하면서도 상업 광고와는 반대 효과를 내려는 것이 공익 광고다. 예컨대, 사람들에게 금주 또는 절주를 하도록 하는 공익 광고는 술병을 보여 주고는 길바닥에 흉한 모습으로 나자빠져 있는 술에 취한 사람을 보여 줄 수 있다([그림 1-6] 참조). 위의 상업 광고는 술을 즐거움을 유발하는 무조건자극과 짝짓는 반면, 공익 광고는 혐오를 유발하는 무조건자극과 짝짓는다.

그림 1-6 술과 혐오스러운 장면을 짝지을 법한 공익 광고의 예

그렇다면 사람들에게 술을 마시게 하려는 상업 광고와 술을 끊게 하려는 공익 광고 중 어느 것이 이길까? 현실적으로는 이미 답이 나와 있다. 공익 광고 때문에 술을 끊었다는 사람을 주변에서 본 적은 아마도 없을 것이다.[9] 이론적으로 고전적 조건형성의 측면에서 보자면, 시행을 많이 할수록 그리고 무조건자극이 강력할수록 더 유리할 것이다. 일반적으로 공익 광고에 비해서 상업 광고가 TV에 나오는 빈도가 훨씬 더 높다. 따라서 시행 수가 훨씬 더 많은 상업 광고가 당연히 이길 것이다. 무조건자극의 면에서는 어떨까? 인기 최고의 연예인이 유발하는 호감과 흉한 모습의 술꾼이 유발하는 혐오감 중 어느 것이 더 강력할 지는 단순 비교가 힘들다. 다만 한 가지 부작용이라 할 만한 것을 언급할 수는 있다. 혐오를 유발하는 무조

9) 사실 금주를 유도하는 공익 광고는 저자도 본 적이 없지만 여기서 논의를 위해 그런 광고가 있다고 치자. 어쩌면 과거에 그런 공익 광고가 있었지만, 효과가 없어서 중단되었는지도 모른다.

건자극을 사용할 경우, 그 무조건자극 자체를 사람들이 싫어할 것이고, 따라서 그런 공익 광고는 사람들이 보기를 회피할 수 있다. 예컨대, UN의 아동구호기관 유니세프(UNICEF)의 공익 광고는 극도로 굶주려서 뼈만 남은 아이들의 불쌍한 모습과 비참한 주변 상황을 보여 주면서 사람들의 기부와 후원을 유도한다. 그런데 사람들이 그 장면을 보는 것이 불편해서, 후원할지 말지 진지하게 고민할 틈도 없이 채널을 돌려 버린다면 어떻게 될까? 실제로 인터넷 블로그에서는 유니세프 광고에 대한 피로감을 호소하는 글들을 찾아볼 수 있다. 금주를 유도하는 공익 광고의 경우도 마찬가지여서 사람들이 보지 않고 회피해 버린다면 그 효과는 감소할 것이고, 따라서 사람들의 관심을 끄는 상업 광고가 당연히 이길 것이다. 반면에 많은 사람이 호감을 느끼고 있는 김연아, 안성기, 김혜수 같은 유명인들이 유니세프의 친선 대사로 활동하고 있는데, 이는 유니세프가 조건자극, 그 유명인들이 무조건자극으로 짝지어지게 만든다. 따라서 사람들은 유니세프에 호감을 갖게 되고 후원이나 기부할 가능성도 높아질 것이다.

광고 제작에는 물론 다양한 기법과 이론이 있을 것이고, 광고 회사는 아마도 고전적 조건형성을 염두에 두고서 광고를 제작하지는 않을 것이다. 하지만 광고의 배후에 있는 기본 원리는 고전적 조건형성이다. 우리는 광고를 접하는 매 순간 고전적 조건형성을 거치고 있다.

10. 개의 침 흘리기가 개인의 취향과 무슨 상관일까

감정의 대부분이 고전적 조건형성을 통해 습득된다는 사실은 단순히 우리가 특정 대상에 대해 어떤 반응을 하는가를 넘어서 우리의 취향 형성에 큰 영향을 미친다. 예를 들어 보자. 독자는 어떤 종류의 음악을 좋아하는가? 재즈? 힙합? 팝송? 록? 클래식? 아니면, 트로트? 현재 젊은 세대와 어르신 세대가 좋아하는 음악은 확연히 다르다. 왜 그럴까? 유전자가 우리에게 특정 종류의 소리를 좋아하거나 싫어하는 경향성을 심어 주기는 했을 것이다. 그러나 어르신 세대의 유전자가 한두 세대 만에 급속도로 변해서 현재의 젊은이들이 어르신 세대와는 전혀 다른 음악을 좋아하게 되기는 불가능하다. 인간의 유전자가 그렇게 빨리 달라질 수는 없다. 따라서 어르신과 젊은이 간의 음악 선호 경향의 차이는 살아온 환경이 달라서임이 분명하다. 그런데 살아온 환경이 다르면 구체적으로 무엇이 어떻게 달라진다는 걸까?

사람들은 음악을 슬플 때 듣기도 하지만 주로 즐거울 때 듣는다. 또는 지루할 때 즐거워지려고 듣기도 한다. 음악 자체가 즐거움을 유발할 수 있으므로(즉, 무조건자극으로 작용할 수 있으므로) 듣는다. 사실은 설명이 복잡하지만, 여기서는 쉽게 이해하기 위해 음악이 중성자극이라고 가정하자. 한국인에게 친숙하지 않은 다른 나라의 전통 음악이 중성자극의 예라 할 수 있다. 청소년기에 특정 종류의 음악을 들으면서 친구들과 어울려 재미있게 논다면, 이것이 고전적 조건 형성이 작동하는 상황이다. 즉, 그 음악이 조건자극, 친구들과 노는 일이 무조건자극, 거기서 느껴지는 즐거움이 무조건반응이다. 이런 시행이 거듭되면 그 음악만 들어도 즐거움이라는 조건반응이 유발된다. 우리는 어떤 음악을 들으면 과거에 그 음악을 들었던 상황에 대한 기억과 그 당시의 감정이 떠오를 때가 흔히 있다. 이 기억과 (특히) 감정은 조건반응의 전형적인 예라 할 수 있다.

청소년기에 주로 접하는 음악이 어르신 세대에게는 트로트나 팝송이었고, 현재 젊은 세대에게는 힙합이나 K-팝 같은 종류일 것이다. 어르신 세대가 성장하던 시절에는 힙합이라는 음악이 세상에 존재하지 않았다. 1970~1980년대의 한국 사회에는 물론 클래식, 재즈, 록 등의 음악도 존재했지만, 일반 대중이 TV나 라디오를 통해 많이 접한 것은 트로트나 팝송 같은 음악이었고 자연히(즉, 고전적 조건형성을 통하여) 현재 어르신 세대의 일반적인 음악 취향은 그런 쪽이 되었다. 현재 젊은 세대의 음악 환경은 이와 달라서 주로 힙합이나 K-팝이 유행하는데, 고전적 조건형성은 여기서도 동일한 방식으로 작용해서 젊은이들의 음악 취향을 결정한다. 한편, 젊은 세대의 입장에서는 트로트를 듣고 있는 어르신의 '꼰대' 같은 말이나 행동으로 혐오감이 들 수도 있다. 이런 경험은 트로트라는 조건자극이 꼰대 같은 말과 행동이라는 무조건자극과 짝지어져서 트로트에 대해 혐오감이라는 조건반응이 습득되게 만든다. 트로트를 좋아하지 않는 젊은이가 많은 이유가 이것일 것이다. 그런데 이와 반대되는 일이 일어날 수도 있다. 트로트가 들리는 상황에서 흥에 겨운 어른들이 어린아이를 예뻐해 주고 즐겁게 놀아 준다고 하자. 이 아이에게는 트로트가 즐거움이라는 조건반응을 일으키는 조건자극이 될 것이고, 그런 환경에서 계속 성장한다면 아이는 청년이 되어서도 여전히 트로트를 좋아할 수 있다.

또 다른 예로서, 독자는 집안에서 조용히 혼자 책 읽기를 좋아하는가 아니면 밖에서 사람들과 어울려 놀기를 좋아하는가? 책을 읽을 때 재미를 느끼는 사람은 독서를 좋아하는 사람이 될 것이고 책 읽기가 힘들거나 지겹기만 한 사람은 독서를 싫어하는 사람이 될 것이다. 이쯤 되면 어떤 식의 설명을 할지 독자도 아마 짐작할 수 있겠다. 책이 조건자극이 되고, 읽는 행동이 무조건자극이 되어 재미라는 무조건반응을 느낀 사람은 책만 보아도 왠지 즐거워지는 조건반응이 나올 수 있다. 반대로 책이 어렵고 지겹기만 했던 사람은 난감함과 지루함이라는 조건반응이 나올 것이고 따라서 책을 회피하게 될 것이다. 그리고 독서 외에 재미를 느낄 수 있는 다른 활동을 추구하게 될 것이다. 이 사람이 밖에 나가서 친구들과 어울려 놀 때 큰 재미를 느낀다면, 바깥이라는 환경과 친구들이라는 자극이 조건자극이 되어 함께 놀기라는 무조건자극과 짝지어지고 그로 인한 즐거움이 무조건반응으로 유발된다. 그 결과 이 사람은 밖에서 사람들과 어울려 놀기 좋아하는 소위 '외향적인' 사람이 될 것이다. 반면에 책에 대해 즐거움이라는 조건반응이 습득되어 주로 집에 머무는 사람은 '내향적인' 사람이 될 것이다. 물론 두 가지 모두가 즐거워서 외향적인 동시에 내향적인 사람이 생기는 일도 얼마든지 가능하다.[10)]

두 가지 예만 들었으나 그 외에도 예술, 학문, 스포츠, 직업 등 많은 분야에서 사람들의 취향은 제각각 다르다. 사람마다 왜 좋아하고 싫어하는 것이 다른지 그 이유를 생각해 본 적이 있는가? 답은 이미 나와 있다. 사람마다 타고난 기질이 다른 데다가 성장 환경에서의 경험도 다르기 때문이다. 그 경험은 고전적 조건형성이라는 기제를 통해서 취향을 형성시킨다. 자신이 어떤 사람인가(즉, 자아 정체성)를 보여 주는 중요한 특징 중 하나가 그 사람의 취향일 터인데, 그렇다면 고전적 조건형성은 자아 정체성의 형성에도 큰 영향을 미친다고 할 수 있다.

10) 여기서 사람들의 성격을 단순하게 이분법적으로 나누는 일은 맹점으로 볼 수 있겠다.

11. 비전형적인 성적 취향이 어떻게 생겨나는 걸까

이 책의 앞머리에서 사람들이 하는 이상한 말이나 행동의 원인을 학습심리학은 구체적이고 상세하게, 때로는 전혀 예상치 못한 측면에서 보여 줄 수 있다고 이야기했다. 그런 예들을 여기서 살펴보자.

앞에서 우리는 고전적 조건형성이 개인의 취향에 큰 영향을 미칠 수 있음을 알게 되었다. 개인의 취향 중 중요한 것 하나가 성적 취향이다. 동물의 성 행동은 개체 간 차이가 별로 없이 대부분 유전적으로 결정된 패턴을 나타낸다. 반면에 인간은 개인에 따라 아주 다양한 성 행동을 보여 준다. 집단적인 수준에서도 인간의 성 행동은 시대와 문화에 따라 많이 달라진다. 이는 곧 환경, 즉 학습이 인간의 성 행동을 크게 좌우한다는 반증이다.

어떤 시대든 사회든 정상으로 여겨지는 성 행동과 그렇지 않은 성 행동이 있다. 노출증, 페티시즘, 사디즘, 소아기호증 등이 후자의 예인데, 그중에서도 특히 이해하기 힘든 것 중 하나가 마조히즘(masochism, 피학대 음란증)일 것이다. '이성으로부터 정신적 · 육체적 고통이나 학대를 받음으로써 성적 쾌감을 느끼는 심리 상태'가 마조히즘의 사전적 정의다. 대중매체에서는 마조히스트가 묶여 있거나 채

찍질을 당하거나 다양한 방식으로 학대받는 데서 성적 흥분을 느끼는 것으로 흔히 묘사된다. 도대체 왜 신체적 · 정신적 괴롭힘이 성적 흥분을 유발하는 걸까? 고통은 당연히 적대적이고 불쾌한 각성을 유발해야 할 터인데 성적 흥분은 불쾌한 것이 아니라 즐거운 것 아닌가? 그렇다면 고통이 쾌감을 일으킨다고? 이 무슨 모순적인 말인가? 마조히즘의 원인에 대해서는 프로이트의 이론을 비롯한 여러 심리학적 이론이 있으나 고전적 조건형성이 언급되는 일은 드물다. 하지만 모호하고 추상적인 다른 이론들에 비해 고전적 조건형성은 마조히즘의 발생 과정을 구체적으로 설명할 수 있다. 비록 모든 마조히즘에 대해서는 아닐지라도 적어도 일부에 대해서는 말이다.

이 책의 첫머리에서 언급한 자기 학대적인 개의 이야기가 생각나는가? 중성자극을 공포를 유발하는 조건자극으로 만들고자 할 때 흔히 사용하는 무조건자극이 전기충격이다. 그런데 파블로프가 보통 무조건자극으로 사용하는 전기충격을 먹이라는 또 다른 무조건자극과 여러 번 짝지어 주자 전기충격이 점차로 공포가 아니라 즐거움을 유발하는 조건자극으로 변환되었다.[11] 이러한 실험 결과를 이용하여 마조히즘의 발생을 설명해 보자. 애초에 어떤 이유로 고통이 주어지는가는 여기서 무시하고, 어떤 사람에게 고통이 가해

11) 파블로프의 이 실험에서 알 수 있듯이, 어떤 자극이 조건자극일지 무조건자극일지가 미리 확고하게 정해져 있는 것은 아니다. 먹이나 전기충격은 일반적으로 무조건자극으로 사용되지만, 전기충격뿐 아니라 먹이도 조건자극이 되게 만들 수 있다. 예컨대, 어떤 새로운 먹이를 먹은 후에 배탈이 난 동물은 앞으로 그 먹이를 피하게 된다. 이는 먹이가 조건자극으로서 배탈이라는 무조건자극과 짝지어진 고전적 조건형성으로서, 앞서 맛 혐오 학습이라는 이름으로 소개하였다. 여기서 동물이 그 먹이를 회피하는 것이 조건반응이다.

진 후에 성적 자극이 뒤따른다고 하자. 성적 자극은 당연히 성적 흥분과 쾌감을 유발한다. 이것을 고전적 조건형성이라는 틀로 분석해 보면, 고통을 일으키는 혐오적 자극이 제시된 후에 성적 자극이 무조건자극으로 제시되고 따라서 성적 흥분과 쾌감이 무조건반응으로 유발된다. 이처럼 혐오적 자극과 성적 자극이 짝지어지는 일이 몇 차례 반복되면, 파블로프의 자기 학대적인 개의 경우와 마찬가지로, 그 혐오적 자극 자체가 마침내 성적 흥분이라는 조건반응을 일으키는 조건자극이 된다. 그렇게 흥분된 상태에서 성행위가 일어나면 성적 쾌감이 증대될 것이고, 따라서 이 사람은 고통(조건자극)에 뒤따르는 성적 흥분과 쾌감(조건반응)을 추구하는 마조히스트가 될 것이다.

마조히스트가 학대받기를 좋아한다고 해서 아무 이유 없이 다짜고짜 얻어맞거나 모욕을 당해도 좋아할까? 아니다. 마조히스트는 성적으로 흥분될 수 있는 특정 상황에서 괴롭힘을 당할 때만 성적 흥분을 느낀다고 한다. 이는 곧 성적 흥분을 느끼려면 괴롭힘과 함께 어떤 특정한 다른 자극이 있어야 한다는 말이다. 고통과 성적 자극이 짝지어지는 성 행동은 아무 데서나 일어나는 게 아니라 아마도 은밀한 특정 장소에서 일어날 것이다. 이는 곧 그런 일이 일어나는 주변 환경과 고통을 일으키는 혐오적 자극이 합쳐진 자극 복합체가 조건자극으로 작용하게 될 것이라는 말이다. 여기서, 그런 경험을 하게 되는 장소만이 아니라 고통을 주는 사람(즉, 마조히스트의 성 상대자)도 주변 환경의 중요한 요소다. 마조히스트는 특정 장소에서 특정인에게 고통을 받을 때 성적 흥분을 느끼게 된다. 따라서 마조히스트의 성 상대자는 사디스트인 경우가 많은데, 사디스트의 학대적 취향도 고전적 조건형성의 틀 안에서 비슷한 방식으로 설명할 수 있다.

마조히즘을 비롯한 여러 비전형적인 성 행동에는 당연히 많은 요인이 개입할 것이다. 고전적 조건형성은 그러한 요인 중 하나일 뿐이지만, 아마도 강한 영향력을 발휘하는 요인일 것이다. 그렇게 학습된 조건반응(즉, 괴롭힘에 의해 유발된 성적 흥분)은 우리가 이미 보았듯이 반사적인 반응이어서 자신의 의지대로 통제하기 힘들다. 다시 말하면, 왜 자신이 그런지를 스스로 이해하든 말든 상관없이, 마조히스트는 특정 환경에서 고통을 받으면 저절로 성적 흥분이 유발된다. 고전적 조건형성을 통한 이러한 성 행동의 습득 과정을 알지 못하는 다른 사람들의 눈에는 마조히스트의 성적 취향이 도무지 이해할 수 없는 '변태스러운' 것으로 보일 수밖에 없다.

12. 학습한 것은 아니지만 그것과 비슷한 자극에 반응해도 될까

앞서 본 마조히스트는 특정 장소에서 특정인에게 고통을 받을 때 성적 흥분을 느낀다고 했다. 만약 다른 장소에서 동일인에게 고통을 받으면 성적 흥분을 느낄까? 아마도 느낄 것이다. 장소가 달라지긴 했지만, 고통을 주는 사람과 느껴지는 고통이 같다면 십중팔구는 그렇다. 마조히스트적 성 행동의 습득 당시에 존재했던 조건자극이 '특정 장소 + 특정인 + 고통'이라는 자극 복합체라고 할 때, 장소가 달라짐으로써 자극이 전체적으로 달라지긴 했어도 원래의 조건자극과 충분히 유사하기만 하면 이전과 같은 조건반응이 여전히 유발될 수 있다.

이처럼 학습 당시에 사용된 조건자극과 유사하지만, 실제로 무조건자극과 짝지어진 적이 없는 자극에 대해서까지 조건반응이 확장되는 것을 **자극 일반화**(stimulus generalization)라 한다. 예컨대, 파블로프가 개에게 1,200Hz의 소리를 먹이와 짝지어서 조건형성시킨다고 하자. 학습이 끝나면 개는 당연히 1,200Hz의 소리에 침을 흘린다. 그런데 800Hz나 1,600Hz의 소리에도 침을 흘릴까? 어느 정도 흘린다. 400Hz나 2,000Hz의 소리에도 침을 흘릴까? 훨씬 덜 흘린다. 개가 특정 자극에 침을 흘리는 정도는 그것이 조건자극과 얼마나 유사한가에 따라 달라진다. 물론 조건자극과 유사할수록 강한 조건반응이, 조건자극과 다를수록 약한 조건반응이 나온다. 최대한의 조건반응은 당연히 조건자극 자체에 대해 나온다. 이러한 실험 결과를 그래프로 그려 보면 [그림 1-7]에서처럼 학습한 자극을 중심으로 양쪽에 경사가 있는 그림이 그려지는데, 이를 **일반화 기울기**(generalization gradient)라고 부른다.

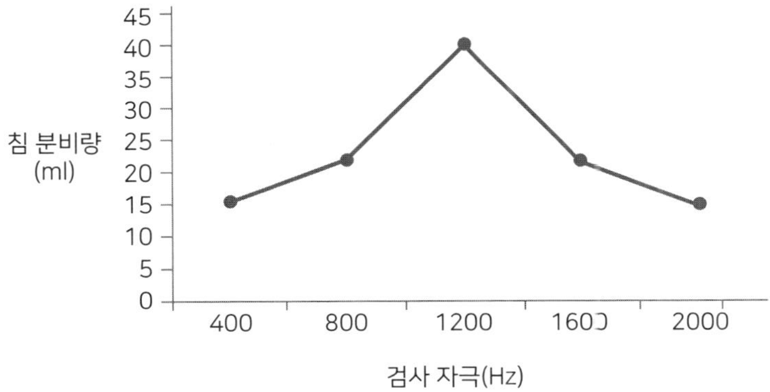

그림 1-7 일반화 기울기

1,200Hz의 소리를 먹이와 짝지어 조건형성시킨 후, 검사 시에 다양한 주파수의 소리를 들려주면 1,200Hz의 소리와 비슷할수록 큰 조건반응이 나타난다.

그런데 학습된 반응(즉, 조건반응)이 이처럼 학습 시에는 존재하지 않았던 다른 자극(조건자극과 유사하기는 해도 동일하지는 않은)에 대해서 나와도 되는 걸까? 이는 마치 ABC라는 문제에 대해 K라는 답을 하도록 배웠는데 ABG라는 문제에 K라는 답을 하는 꼴이 아닐까? 인간이 치르는 시험을 생각하면 이것이 오답일 수 있지만, 인간이나 다른 동물이 살아가는 실제 환경을 생각해 보면 그게 오히려 정답일 수 있다. 예컨대, 어떤 낯선 소리가 나더니 별안간 맹수가 나타나서 잡혀 죽을 뻔했다가 살아난 동물을 생각해 보자. 이 동물은 자연적으로 일어나는 공포 조건형성을 방금 거쳤다. 즉, 낯선 소리가 조건자극, 맹수의 공격이 무조건자극, 그로 인한 공포가 무조건반응이다. 이 동물은 이제 그런 소리가 나면 자동적으로 공포라는 조건반응이 유발될 것이고, 따라서 재빨리 도망가거나 들키지 않으려고 얼어붙어 버릴 것이다. 그런데 맹수가 항상 똑같은 소리를 낼까? 자연 상황에서 중요한 자극들이 매번 정확히 동일한 형태로 일어나는 일은 거의 없다. 따라서 피식동물은 포식동물의 소리나 모습이 약간 달라도 알아보고 피할 수 있어야 한다. 유사한 자극은 유사한 사건을 예고할 가능성이 크다. 따라서 자극 일반화는 동물의 생존 여부를 결정할 만큼 중요한 현상이다. 마찬가지로 인간에게도 학습한 것이 유용하려면, 학습 당시의 상황과 비슷하지만 똑같지는 않은 상황에서 그것이 표출될 수 있어야 한다. 수능 공부를 했던 학교나 독서실은 실제로 수능 시험을 치르는 장소와는 다르다. 수능 공부를 했던 그 장소에서만 정답을 쓸 수 있다면 그 공부가 무슨 소용이 있을까? 학습된 반응이 유용하려면 학습 당시와 비슷하면서 똑같지는 않은 상황에서도 나올 수 있어야 한다.

그런데 자극 일반화가 학습자에게 불리하게 작용하는 경우도 있다. 앞서 왓슨과 레이너가 아기 앨버트에게 흰쥐를 두려워하도록 조건형성시켰던 연구가 기억나는가? 이들은 흰쥐를 큰 소리와 짝지어서 공포를 유발하는 조건자극으로 만든 후에 앨버트에게 흰토끼,

솜, 흰 수염이 달린 산타클로스 가면 등을 제시했다. 그중 어느 것도 공포 조건형성 당시에는 제시된 적이 없지만 앨버트는 그것들에 두려움을 나타냈다. 앨버트의 공포는 흰쥐로부터 하얗고 털이 있는 다른 대상들에까지 일반화되었던 것이다. 무해하거나 재미있을 수도 있는 다른 자극들에게까지 공포 반응이 나타나는 것은 앨버트뿐 아니라 그 누구에게라도 좋은 일은 아닐 것이다.

자극 일반화 때문에 불행한 일이 일어나기도 한다. 2001년 아랍 극렬분자들이 뉴욕의 세계무역센터(쌍둥이 빌딩)에 비행기를 충돌시킨 9 · 11 테러가 일어났다. 그 후 한동안, 미국에 살고 있던 아랍계 시민들이 습격받는 일이 여러 곳에서 발생했다. 이들은 9 · 11 테러와 아무 관련이 없었지만 단지 테러범들과 비슷하게 생긴 아랍계 사람이라는 이유로 그런 일을 당했다. 저자의 지인 한 사람(물론 아랍계 미국인인)은 초등학교에 다닐 때 학교 버스가 정거장에서 기다리고 있던 자신을 태우지 않고 지나쳐 버리는 일을 겪었다고 한다. 아랍 극렬분자들이 TV에서 자주 언급되면서 9 · 11 테러라는 끔찍한 사건에 관한 이야기와 짝지어지면 '아랍계 사람'이라는 자극이 공포나 증오를 일으키는 조건자극으로 변환될 것이다. 이러한 부정적인 감정의 조건형성은 매우 빨리 그리고 강하게 일어난다. 습격자들은 실제 테러범들을 공격하고 싶었을 테지만 이는 불가능했고, 그런 와중에 테러범과 닮은 아랍계 사람을 보게 되면 극심한 증오라는 조건반응이 유발되었을 것이다. 이러한 자극 일반화 현상과 함께 조건반응은 맘대로 통제하기 힘들다는 사실을 고려하면, 무고한 사람을 공격하는 자들의 심리를 이해할 수 있다. 물론 그런 심리가 이해된다고 해서 그런 행동을 해도 된다는 말은 아니다. 아랍계 사람에게 심한 증오가 유발되는 사람이 많았겠지만, 대부분 그 증오가 심각한 공격 행동으로 이어지지는 않았다. 얼마나 강한 조건반응이 유발되며 그것이 어떻게 실질적인 공격 행동으로 이어지는가는 많은 요인에 좌우될 것이다. 조건반응은 뜻대로 통제하기 힘들지만, 어떤 자극이 우리에게서 바람직하지 않은 조건반응을 유발하는지 알고 있다면 그런 자극을 피하거나 그 조건반응을 억제하는 다른 요인을 끌어들이는 등 통제를 강화하는 노력을 함으로써 공격 행동 같은 비이성적인 행동이 나오는 것을 막을 수 있다.

13. 호랑이를 고양이처럼 대한다면

우리가 특정 상황에서 학습한 것을 다른 상황에서 응용할 수 있게 한다는 점에서 자극 일반화는 학습자에게 매우 이로운 현상이다. 그런데 이와 반대로 비슷한 자극들에 다른 반응을 해야 할 때도 종종 있다. 예컨대, 고양이와 호랑이가 비슷하게 생겼다고 해서 둘 모두에게 동일한 반응을 하면 목숨이 위태로울 수 있다. 천적과 겉모습만 닮았을 뿐인 다른 동물들에게서 매번 도망가는 동물은 결국에는 지쳐 쓰러질 수도 있다. 따라서 특정한 자극에만 반응이 한정될 필요가 있는 상황도 있는데, 이처럼 조건자극과 다른 자극에는 차별화된 반응을 하는 것을 **자극 변별**(stimulus disc imination)이라 한다. 자극 일반화는 유사성에 대한 반응인 반면, 자극 변별은 차이에 대한 반응이어서 이 두 가지는 상보적인 과정이다. 즉, 어떤 자극에 대해 일반화가 많이 될수록 변별은 적게 되고, 일반화가 적게 될수록 변별은 많이 된다.

자극 일반화는 한 자극에 대한 학습 시에 일어나는 현상인데, 자극 변별은 적어도 두 자극 간의 차이에 대한 학습이 필요하다. 어떻게 그런 학습을 시킬까? 개에게 높은 소리를 들려주고는 먹이를 주는 반면, 낮은 소리를 들려주고는 먹이를 주지 않는다고 하자. 이 두 종류의 시행을 무작위로 섞어서 반복하면 개는 결국 높은 소리에는 침을 흘리고 낮은 소리에는 침을 흘리지 않게 된다. 이런 식의 학습 절차를 **변별훈련**(discrimination training)이라 하는데, 사람도 동물도 이를 통해 서로 다른 자극에 대해 서로 다른 반응을 하게 된다. 파블로프는 변별학습 실험을 많이 했는데, 예컨대 개에게 어떤 물체가 시계 방향으로 회전할 때는 먹이를 주고 반(反)시계 방향으로 회전할 때는 아무것도 주지 않았다. 그러자 개는 곧 시계 방향 회전에는 침을 흘리고 반시계 방향 회전에는 침을 흘리지 않게 되었다. 이런 변별은 놀라운 수준에 도달할 수도 있는데, 개 한 마리는 메트로놈이 1분에 100회 또는 96회 비율로 똑딱거리는 두 소리를 변별할 수 있었다.

자극 일반화와 마찬가지로 자극 변별의 예도 실생활에서 쉽게 찾아볼 수 있다. 아이들은 엄마나 아빠의 목소리가 어떤 어조인지를 쉽게 구별한다. 그래서 즐거운 어조일 때는 정신없이 뛰어놀다가도 무서운 어조로 바뀌면 바로 조용해진다. 같은 사람에게서 나오는 목소리 자극의 차이에 따라 변별적 반응이 나오는 것이다. 청소년에게 아이돌 그룹은 각자 확연히 달라 보이지만 부모 눈에는 그 그룹이 그 그룹 같다. 청소년은 다양한 아이돌 그룹을 자주 보면서 자신도 모르게 변별학습을 충분히 했지만, 부모는 그러지 못했기 때문이다. 부모나 교사에게 인사하기를 학습한 발달장애 아동이 버스 정거장에서 버스를 기다리고 있는 낯선 사람에게 인사를 할 때도 있다. 이는 부적절한 자극 일반화인 동시에 변별학습이 충분히 되지 않은 결과이기도 하다.

개의 후각이 인간보다 훨씬 뛰어나다는 것은 누구나 안다. 실제로 개는 인간보다 몇 배나 더 냄새를 잘 맡을까? 후각 신경세포의 수나 뇌의 후각 영역의 크기 같은 특징을 통해 개와 인간의 후각 능력 차이를 추론할 수 있겠지만, 그보다 더 실용적이고 쉬운 방법은 후각 변별학습을 이용하는 것이다. 예컨대, 개에게 비슷한 두 냄새를 제시하고 그중 하나에만 먹이를 짝지어 준다. 개가 이 냄새에만 침을 흘리고 다른 냄새에는 침을 흘리지 않으면, 즉 두 냄새를 잘 변별하면, 두 냄새를 더 비슷하게 만들어 제시한다. 이런 식으로 두 냄새의 차이를 줄여 가면서 변별학습을 시키다가 개가 어느 한 냄새에만 일관성 있게 침을 흘리지 못하게 되면 개가 냄새를 구분하는 능력의 한계가 거기다. 사람에게도 비슷한 식으로 변별학습을 시켜서 어느 수준까지 두 냄새를 구분할 수 있는지를 알아내어 개의 능력과 비교하면 된다. 공항 세관에서 마약을 탐지하는 개들은 아마도 이런 식의 변별훈련, 즉 마약의 냄새와 아닌 것의 냄새를 구분하는 훈련을 받았을 것이다.

이렇게 동물이 변별학습을 할 수 있는 한계를 밝힘으로써 동물의 감각 능력을 검사할 수 있다. 그런데 지나치게 어려운 변별훈련을 시키면 어떻게 될까? 물론 오류(예: 침을 흘리지 않아야 할 대 침을 흘리는 것)가 많아지는데, 그뿐 아니라 뜻밖에도 동물에게서 부정적 정서가 나타난다. 파블로프의 실험실에서 개에게 원과 타원의 변별훈련을 시킨 예를 보자. 개 앞에 있는 스크린에 원을 보여 주고는 먹이를 짝지어 주기를 거듭한다. 그러면 이 원은 곧 침 흘리기를 유발하는 조건자극이 된다. 이 조건반사를 확립한 후, 가로축 대 세로축의 비율이 2 대 1인 타원을 추가하여 원과 타원을 변별하는 훈련을 시킨다. 개가 두 도형을 잘 변별하게 되자 타원의 모양을 두 축의 비율이 9 대 8이 될 때까지 점진적으로 변형시켜 원과 비슷하게 만들었다. 개는 처음에는 원과 9 대 8 비율의 타원을 약간 변별하는 듯했으나 3주간의 훈련에도 더 나아지지 않았고, 마침내 처음에 제시되었던 2 대 1 비율의 타원과 원도 잘 변별하지 못할 정도로 수행이 악화했다. 게다가 개는 이상한 행동 변화까지 나타냈다. 즉, 이전까지 조용하던 개가 깽깽거리며 짖어 대고, 피부에 부착된 자극 장치를 이빨로 물어뜯고, 실험실과 관찰실 사이에 연결된 튜브도 물어뜯어 버렸다. 또한 개는 실험실로 들어가자마자 이전과 달리 격렬하게 짖어 댔다. 파블로프는 이러한 괴이한 행동을 **실험 신경증**(experimental neurosis)이라 불렀다(Pavlov, 1927). 그가 보기에 개의 행동이 '신경쇠약'인 사람이 때때로 나타내는 행동과 비슷했기 때문이다. 사람도 아주 미묘한 변별이 필요한 상황이 되면 스트레스를 받을 수 있다. 예컨대, 수능 시험을 앞둔 고등학생이 친구의 공부를 도와준 이야기를 했더니 부모가 어떤 때는 "대견하구나!"라고 칭찬을 하고 어떤 때는 "그럴 시간이 어딨니? 그 시간에 네 공부나 해!"라고 꾸중을 한다. 대체 어쩌란 말일까? 미묘한 변별을 해야 하는 상황에서 우리는 흔히 눈치를 잘 봐야 한다고 말한다. 눈치가 빠르다는 말은 다른 사람의 기분이나 주변 분위기의 변화를 잘 변별한다는 뜻이라 할 수 있다. 부부싸움 후 집안에 차가운 기운이 흐르고 있을 때는 부모에게서 꾸중하는 반응이 나오기 쉽다. 눈치가 없는 사람이란 곧 분위기의 미묘한 차이를 잘 변별하지 못하는 사람이어서, 우리 사회에서 그렇게 변별 능력이 떨어지는 사람은 분위기 파악을 못하고 멋대로 행동하는 사람으로 비칠 수 있다.

14. 습득된 감정을 어떻게 제거할까

앞서 본 왓슨과 레이너의 실험에서 아기 앨버트는 흰쥐에 대한 공포를 학습하였다. 원래는 이 실험 후 그 학습된 공포를 제거하는 실험까지 하려고 했으나 아기가 다른 데로 이사 가 버리는 바람에 후속 실험은 하지 못했다고 한다. 대신에 왓슨의 또 다른 제자 존스가 피터라는 다른 아이를 대상으로 공포를 제거하는 실험을 했다(Jones, 1924).

세 살 난 남자아이 피터는 토끼를 무서워했다. 토끼가 일반적으로 공포를 일으키는 무조건자극은 아니다. 따라서 피터는 어디선가 토끼와 무서운 무조건자극이 짝지어지는 경험을 했을 것이다. 피터가 나타내는 두려움은 그렇게 습득된 조건반응이라고 보아야 한다. 조건반응은 앞서 보았듯이 반사반응이라서 우리가 뜻대로 통제하기 힘들다. 게다가 피터는 어린아이라서 사고나 의지력에 기댈 수도 없다. 그러면 피터의 토끼 공포를 어떻게 없앨 수 있을까? 존스는 먼저 피터가 불안해하지 않을 만큼 먼 거리에 토끼를 두고서 피터가 좋아하는 우유와 크래커를 먹게 했다. 다음날에는 토끼를 조금 더 가까이 두었는데, 피터는 불안해하지 않으면서 우유와 크래

그림 1-8 **토끼에 대한 피터의 공포를 제거하는 역조건형성 절차**

a. 피터가 우유와 크래커를 먹고 있을 때 토끼를 멀리에 제시 한다.

b. 피터가 우유와 크래커를 먹고 있을 때 토끼를 매일 조금씩 피터 가까이 가져온다.

c. 나중에는 토끼가 바로 옆에 있어도 피터가 울지 않으면서 우유와 크래커를 먹는다.

커를 먹을 수 있었다. 존스는 토끼를 항상 우유 및 크래커와 짝지으면서 피터에게 조금씩 더 가까이 두기를 매일 계속했다. 그리하여 결국에는 토끼가 무릎에 놓여도 피터가 전혀 무서워하지 않게 되었다([그림 1-8] 참조).

이 실험에서 존스가 한 일은 공포를 유발하는 조건자극을, 공포의 반대 반응인 즐거움을 유발하는 무조건자극과 짝지은 것이었다. 이는 과거에 일어난 고전적 조건형성의 효과를 새로운 고전적 조건형성을 이용하여 역전시킨 것으로서, 존스는 이를 **역조건형성**(counterconditioning)이라 불렀다. 즉, 존스는 맘대로 통제할 수 없는 조건반응을 제거하는 데 사고나 의지력 같은 고차 정신과정에 의존하는 게 아니라 고전적 조건형성을 이용하여 반대되는 조건반응을 학습시켰던 것이다. 그런데 이것이 성공하려면, 제거하려는 반응을 반대 반응이 능가할 수 있어야 한다. 무서운 토끼가 바로 눈앞에 있다면 피터가 차분히 우유와 크래커를 먹을 수 있을까? 공포는 워낙 강력한 감정이어서 다른 모든 감정과 행동을 압도한다. 따라서 우유와 크래커가 일으키는 즐거움이 공포를 능가할 수 있으려면 그 공포가 대단히 약해야 한다. 이것이 처음에 피터가 위협을 느끼지 않도록 토끼를 아주 멀리 둔 이유다. 토끼를 매일 조금씩 더 가까이 두면 토끼가 유발하는 공포가 점점 더 강해지겠지만, 그와 동시에 토끼가 우유 및 크래커와 계속 짝지어지면서 토끼가 유발하는 즐거움도 점점 더 강해질 것이다. 토끼가 유발하는 즐거움이 충분히 강해지지 않은 상태에서 갑자기 토끼를 피터에게 너무 가까이 두면 공포가 즐거움을 능가하여 역조건형성이 실패할 것이다. 따라서 즐거움이 공포를 이기는 수준을 유지할 수 있도록 역조건형성은 천천히 진행해야 한다.

이 연구 이후 역조건형성에 기반을 둔 공포증 치료법들이 개발되었다. 이런 종류의 요법은 공포증이 있는 사람이 편안함을 느끼는 동안 점진적으로 공포 자극에 노출되기 때문에 **노출치료**(exposure therapy)라 불린다. 그중 유명한 것 하나가 **체계적 둔감화**(systematic desensitization)라는 기법(Wolpe, 1973)이다. 이 기법에서는 먼저 치료자와 환자가 함께 무서운 장면의 목록을 순서대로 정리하는 작업을 한다. 예컨대, 고소 공포증 환자는 집의 1층에 있을 때 전혀 불안을 안 느끼고, 2층 발코니로 나가면 불안이 증가하며, 육교에 올라가면 더욱 불안이 커진다. 이런 식으로 나아가면서 불안이 최대치가 되는 상황(예: 바깥이 훤히 보이는 유리 엘리베이터를 타고 50층까지 올라가기 또는 밑바닥이 투명한 유리로 된 케이블카 타기)까지 정리하여 작성한 목록을 불안 위계(anxiety hierarchy)라고 한다. 그러고는 치료자가 환자에게 불안이 가장 낮은 첫째 장면을 상상하게 한다. 그러면서 환자에게 몸을 이완하는 방법을 알려 준다. 우리가 아주 편안할 때는 몸 전체가 이완되어 있는데, 이는 근육이 긴장해 있는 불안 상태와 반대된다. 따라서 아주 약한 공포를 일으키는 장면이 편안한 이완 상태와 짝지어진다. 이것이 곧 환자의 이완된 신체 상태가 무조건자극으로 작용하는 역조건형성 시행이다. 이 첫 장면을 상상해도 몸이 긴장되지 않으면 불안 위계상의 다음 장면으로 넘어간다. 이런 식으로 진행되다가 어느 수준에 다다르면 불안이 느껴지고 몸이 긴장되기 시작할 것이다. 그러면 그 이전의 낮은 불안 단계로 되돌아가서 다시 시작한다. 최대한의 불안이 느껴지던 장면을 상상해도 몸이 긴장되지 않을 때까지 이 과정이 계속된다. 그 도중에 환자가 큰 불안을 느끼는 단계는 없으며, 한 장면에 대한 둔감화가 그다음 장면에 대해 환자를 준비시킨다.

최근에는 가상현실 기법의 발달로 환자가 불안한 장면을 상상할 필요 없이 더 현실적인 장면을 조건자극으로 제시할 수 있게 되었다. **가상현실 노출치료**(virtual reality exposure therapy)라 불리는 이런 형태의 치료법은 존스의 실제 노출법과 체계적 둔감화 같은 상상 요법의 중간에 있다고 할 수 있다. 예컨대, 한 연구에서는 가상현실 노출치료를 사용하여 비행공포증을 치료했는데, 내담자 중 90% 이상이 비행기를 탈 수 있게 되었다(Rothbaum, Hodges, Smith, Lee, & Price, 2000).

15. 습득된 감정이 완전히 제거될 수 있을까

역조건형성에 의해 제거된 공포는 지우개로 글씨를 지울 때처럼 싹 사라진 것일까? 아닐 가능성이 크다. 우선 학습된 반응을 제거하는 다른 방법인 **소거**(extinction)를 살펴보자. 조건자극이 무조건자극과 짝지어져서 조건반응이 습득되었다고 하자. 이제 조건자극만 제시되고 무조건자극이 더 이상 짝지어지지 않으면 조건반응은 점차로 약화되다가 결국 사라지게 된다. 그럴 때 조건반응이 소거되었다고 말한다. 종소리만 들어도 침을 흘리는 파블로프의 개에게 먹이 없이 종소리만 들려주기(즉, 소거 시행)를 거듭하면 당연히 그 침 흘리기는 약해지다가 없어진다.[12)]

그런데 소거 절차에 의해 침 흘리기라는 조건반응이 완전히 지워졌을까? 소거가 완성되고 나서 몇 시간 또는 며칠 후에 조건자극을

....

12) 소거는 망각(forgetting)과 혼동하기 쉬운데, 이 두 가지는 그 절차가 확실히 다른 현상이다. 망각은 학습 후 그저 시간만 지난 후에 검사했을 때 기억이 약해지는 것을 가리킨다. 반면에 소거는 학습 후에 그 학습한 내용을 적극적으로 제거하는 절차다. 파블로프의 개에게 학습이 끝난 후, 종소리를 전혀 들려주지 않는 일주일의 기간이 지나고 나서 종소리를 들려주면 침 흘리기 반응이 학습 직후보다 더 약하게 나타난다. 이것이 망각이다. 그 일주일 동안에 종소리만 들려주고 먹이를 짝지어 주지 않는 시행을 한다면 그것은 소거다.

제시하면 없어졌던 조건반응이 어느 정도 되살아난다. 소거되었던 반응이 새로운 학습 시행 없이 그저 시간만 지나고 난 후에 다시 나타나는 이러한 현상을 **자발적 회복**(spontaneous recovery)이라 한다([그림 1-9] 참조). 공포증의 치료에 소거 절차를 이용하기도 하는데, 그 약점 중 하나가 자발적 회복이다. 예컨대, 거미 공포증이 있는 사람에게 안전한 환경에서 거미를 제시하고는 아무 일도 일어나지 않는다는 것을 일정 시간 동안 경험하게 한다. 거미라는 자극에 아무것도 뒤따르지 않는 이러한 소거 시행을 여러 차례 하면 결국에는 거미 공포증이 사라진다. 그렇지만 어느 정도 시간이 지나면 공포증이 되살아날 수 있다. 그럴 때마다 소거 절차를 다시 실시함으로써 자발적 회복의 강도를 점차로 줄일 수는 있다.

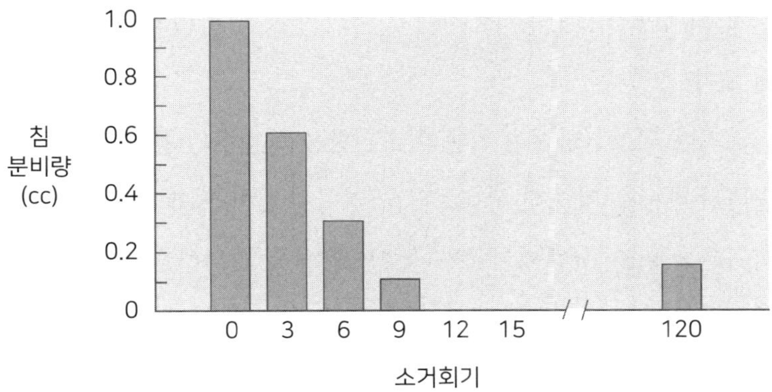

그림 1-9 조건반응의 소거와 자발적 회복

출처: 윤가현 외(2012).

자발적 회복은 소거된 반응이 완전히 지워지지 않았음을 분명히 보여 준다. 이 현상에 대한 이론적 설명은 여러 가지(Rescorla, 2004)가 있으나 여기서는 소거가 기존의 학습을 무(無)로 되돌리는 것이 아니라 새로운 학습임을 언급하는 것으로 충분하겠다. 즉, 어떤 면에서 소거는 조건자극을 무조건자극의 부재(不在)와 짝짓는 또 다른 조건형성이라 할 수 있다. 다시 말하면, 소거는 조건자극이 유발하는 원래의 조건반응이 더 이상 나오지 않도록 억제하는 학습이다. 소거와 마찬가지로 역조건형성으로 제거된 조건반응도 나중에 자발적 회복을 나타낸다(Brooks, Hale, Nelson, & Bouton, 1955). 따라서 역조건형성도 기존의 조건반응을 지우는 것은 아닌데, 이 경우에는 무조건자극의 부재가 아니라 다른 명백한 무조건자극이 기존의 조건자극과 새로 짝지어진다. 소거의 경우에는 기존의 반응을 하지 않게 되지만 역조건형성에서는 기존의 반응과 반대되는 반응을 하게 된다.

소거나 역조건형성이 기존의 조건반응을 지우지 못한다면, 한 번 습득된 반응은 약해진 형태로라도 영원히 남아 있게 되는 걸까? 이 질문은 아마도 답하기가 불가능할 것이다. 왜냐하면 어떤 개체가 학습한 반응이 소거되어 그 개체가 죽을 때까지 다시는 나타나지 않는다고 하더라도 어떤 새로운 방식의 자극이나 검사가 그 반응을 되살려 낼 수 있었을 가능성은 항상 존재하기 때문이다. 따라서 이보다 더 중요한 요지는, 우리가 한 번 학습한 반응은 생각보다 쉽게 지워지지 않는다는 것이다. 그 한 가지 결과는 한 자극에 대해 습득된 조건반응이 여러 개일 수 있다는 것이다. 그렇다면 그 여러 조건반응 중 어느 것이 표출될까? 가장 강하게 습득된 조건반응이 제일 많이 나올 것임은 당연하다. 뿐만 아니라 앞서 살펴본 애증이라는 감정에 대한 설명에서 이미 보았듯이, 학습자가 현재 처해 있는 맥락에 따라서 조건자극이 약간씩 달라지고 그에 따라 다른 조건반응이 유발될 수 있다.

16. 관련 없는 두 자극이 연결되면 무슨 효용이 있을까

지금까지의 이야기는 그저 두 자극을 짝지어 주기만 하면 그 둘 사이에 연결이 생긴다는 말 아닌가? 바로 그렇다. 고전적 조건형성은 애초에 무관했던 두 자극 사이에 새로이 관련성을 만들어 주는 학습 절차다. 그런데 굳이 그럴 필요가 있을까?

세상에서 어떤 자극들 간의 관계는 장구한 세월 동안 일정해서 그에 대한 적응적 반응이 (비유적으로 표현하자면) 유전자에 새겨질 수 있다. 예컨대, 쥐는 여우 똥 냄새에 무조건적 공포 반응을 강하게 나타낸다(Wallace & Rosen, 2000). 어떻게 그럴 수 있을까? 새로 생긴 여우 똥 냄새는 여우가 근처에 있음을 의미한다. 이 낯선 냄새가 날 때 어떤 쥐는 행동이 증가할 것이고 어떤 쥐는 행동이 감소할 것이며 어떤 쥐는 행동에 변화가 없을 것이다. 행동이 증가한 쥐는 감소한 쥐보다 주위를 돌아다니다가 여우에게 잡아먹힐 확률이 조금이라도 더 높을 것이다. 그러면 이 개체군에서는 여우 똥 냄새에 행동이 감소하는 쥐가 다른 쥐보다 약간 더 많이 생존할 것이고, 따라서 다음 세대에서는 그런 특징을 가진 개체가 상대적으로 더 많아질 것이다. 다시 말하면, '여우 똥 냄새 → 행동 감소'라는 특징이 자연 선택될 것이다. 이런 식으로 많은 세대를 거치며 행동 감소라는 반응이 점차로 강해지다가 마침내 행동이 정지되는 상태, 즉 얼어붙는 반응까지 이를 수 있다. 그러면 드디어 여우 똥 냄새에 저절로 얼어붙는 공포 반응을 나타내는 쥐가 탄생하게 된다. 이 쥐는 여우 똥 냄새가 근처에 여우가 있다는 경고 신호임을 선천적으로 '알고' 태어나는 셈이다.

여우는 똥 냄새만이 아니라 특정한 소리와 모습을 지니고 있다. 그러면 여우의 시청각 자극에 대한 공포 반응도 유전자에 새겨져야 하지 않을까? 여우 똥 냄새라는 자극은 아주 일정하고 독특해서 항상 여우라는 자극과 직결된다. 반면에 여우의 소리나 모습은 똥 냄새에 비해 많이 가변적이다. 여우는 다양한 소리를 내며, 보이는 각도나 조명 등에 따라 모습이 다르다. 게다가 다른 동물의 소리가 여우 소리를 닮을 수도 있고 모습이 여우 같을 수드 있다. 아주 단순하게 말하자면, 여우 똥 냄새와 여우는 일대일 대응이 되는 반면에 여우 시청각 자극과 여우는 그렇지 않다. 많은 자극이 여우의 존재를 의미할 수도 있고 아닐 수도 있다면, 그런 자극들에 대한 공포반응이 유전자에 새겨지기는 힘들 것이다.

그렇지만 여우의 존재를 알려 주는 경고 신호가 똥 냄새 하나뿐일 때보다 다른 여러 가지가 더 있을 때 쥐의 생존 가능성이 더 커질 것이다. 여기서 유전자에 새겨져 있지 않은 신호를 쥐에게 학습하게 해 주는 기제가 필요한데, 그것이 바로 고전적 조건형성이다. 특정 자극에는 여우의 공격이 뒤따른다는 사실을 배울 수 있는 쥐는 배우지 못하는 쥐보다 더 잘 생존할 것이다. 유전자에 새겨져 있지 않은 신호라는 면에서는 어떤 자극이 여우와 실제로 관련된 것이든 아니든 아무런 차이가 없다. 그래서 여우의 소리나 모습 외에 다른 아무런 자극이라도 여우와 관련될 수 있다. 어떤 쥐에게는 여우가 잘 다니는 길목이 여우의 공격과 연관될 것이고 다른 쥐에게는 어떤 소리가 여우의 공격과 연관될 것이다. 파블로프는 사실상 어떠한 자극(예: 메트로놈 소리, 검은 사각형, 먹이 접시)이라도 무조건자극에 규칙적으로 선행하면 조건자극이 될 수 있다고 주장했다. 이 세상에서 어떤 자극들이 서로 상관될지 미리 알 수 없으므로 유기체는 실제로 존재하는 자극들 사이의 관계를, 세상을 살아가면서 배워야 한다. 어떠한 자극이라도 무조건자극과 짝지어지면 조건자극이 되게 만드는 것이 고전적 조건형성의 힘이다.

그런데 어떤 자극이든 무조건자극과 짝지어질 수 있다는 것은 그 두 자극 간에 인과관계가 없어도 상관없다는 말이 된다. 이 점을 잘 이용하는 것이 광고다. 예컨대, 화장품 광고에 나오는 유명인이 그 화장품을 실제로 쓰거나 좋아할까? 그러지 않는다고 하더라도 광고하는 데에는 아무런 문제가 없고, 소비자도 그런 관련성을 기대하지 않는다. 자동차 회사들이 모터쇼를 개최할 때는 대개 '레이싱걸'이라는 예쁜 여성 모델들이 자동차와 함께 제시된다. 이들이 모터쇼에 나온 자동차와 무슨 관련이 있길래 거기에 있는 걸까? 이들은 사실상 자동차와 아무런 관련이 없지만 그것들과 함께 제시됨으로써 소비자에게서 그 자동차들에 대한 관심과 호감을 불러일으키는 무조건자극의 역할을 한다.

그런데 반대로 이런 점이 때로는 비합리적인 부작용을 일으킬 수도 있다. 예를 들면, A라는 사람의 주변에서 나쁜 일이 자주 일어난다고 하자. A의 근처에 있던 나무에 벼락이 쳐서 나무가 쓰러진다거나 도로가 꺼져서 자동차가 빠지는 것 같은, 분명히 A가 원인이 아닌 사건들이 말이다. 이는 곧 A가 나쁜 사건이라는 무조건자극들과 짝지어지는 고전적 조건형성이 일어나는 셈이다. 그로 인해 이제는 조건자극이 되어 버린 A가 나쁜 사건이 유발하는 공포나 혐오라는 조건반응을 유발할 수 있고, 그러면 사람들은 A를 '재수 없는 사람' 또는 '저주받은 사람'이라고 간주하여 멀리하는 일이 벌어질 수 있다. 그런 사건들이 A의 책임일 수 없다는 것을 사람들이 이성적으로는 알고 있다 하더라도 이와 별개로 그런 고전적 조건형성이 진행되어 A를 억울한 상황에 빠트릴 수 있다. 이와 유사한 일이 일어날 수 있다는 실험 증거가 있다. 즉, 다른 사람이 함께 있는 상황에서 전기충격을 받은 사람은 나중에 그 사람에 대해 적대감을 보인다는 것이다. 그 사람이 전기충격의 원인이 아님에도 불구하고 말이다(Berkowitz & LePage, 1967).

17. 동물이 미래를 예측할 수 있을까

앞서 보았듯이 이렇게 관련 없는 두 자극 간에 새로운 연결을 만들어 주는 고전적 조건형성이 감정의 습득에 중요하다는 것은 분명하다. 그 외에 다른 기능은 없는 걸까? 고전적 조건형성은 초파리, 달팽이, 플라나리아, 심지어 아메바에게서도 일어난다. 사실상 살아서 움직이는 모든 동물은 고전적 조건형성을 할 수가 있는데, 이는 곧 고전적 조건형성에 대단히 중요한 기능이 있다는 말이다. 그게 무엇일까?

중성자극이 무조건자극과 짝지어져서 조건자극이 되면 무조건자극에 대한 신호로 작용한다는 것을 앞에서 보았다. 다시 말하면, 조건자극은 곧 무조건자극이 나타난다는 것을 예고하게 된다. 파블로프의 개에게 종소리는 먹이를 예고하는 신호다. 그러면 고전적 조건형성이 동물에게 미래를 예측하는 능력을 부여하는 것일까? 이에 대한 답은 조건자극과 무조건자극을 짝짓는 시간적 순서의 효과를 보면 알 수 있다. 고전적 조건형성 절차는 두 자극의 제시 시점에 따라 다음과 같이 네 가지로 나누어진다([그림 1-10] 참조).

- **지연 조건형성**: 조건자극이 먼저 시작된 후, 끝나기 전에 무조건자극이 시작된다. 예컨대, 종소리가 울리기 시작한 지 10초 후에 먹이가 주어진다.
- **흔적 조건형성**: 조건자극이 시작되었다가 끝난 후, 무조건자극이 시작된다. 따라서 두 자극 사이에 아무 자극도 없는 기간(흔적 기간)이 존재한다. 예컨대, 종소리가 10초 동안 울렸다가 끝나고 2초 후에 먹이가 주어진다.
- **동시 조건형성**: 조건자극과 무조건자극이 동시에 시작된다. 예컨대, 종소리와 동시에 먹이가 주어진다.
- **역행 조건형성**: 무조건자극이 먼저 시작된 후에 조건자극이 시작된다. 예컨대, 먹이가 주어지고 나서 종소리가 울린다.

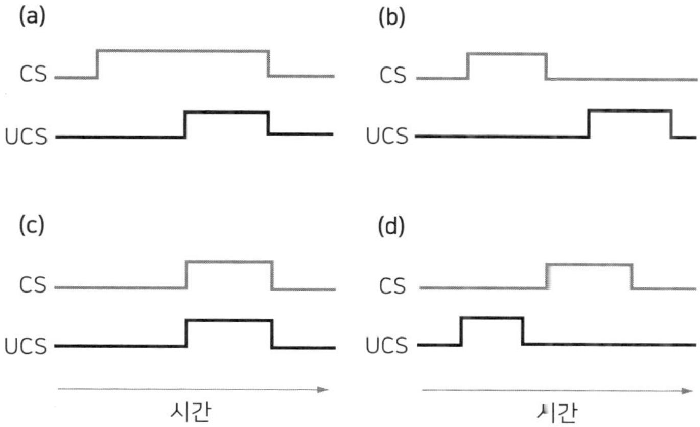

그림 1-10 조건자극과 무조건자극의 제시 순서에 따른 네 가지 고전적 조건형성 절차

(a) 지연 조건형성, (b) 흔적 조건형성, (c) 동시 조건형성, (d) 역행 조건형성. CS는 조건자극을, UCS는 무조건자극을 의미한다.

이 네 절차 중에서 조건반응을 가장 잘 학습시키는 것은 무엇일까? 여기서 기술한 절차의 순서대로 학습이 잘 된다. 즉, 조건자극이 무조건자극보다 앞서 나오는 절차가 가장 효과적이다.[13] 비유를 하나 들어 보자. 우리가 자동차를 몰고 가는 중에 급하게 굽어지는 도로가 나온다고 하자. 급한 커브 길을 경고하는 도로표지판이 미리 나올 것이고 그러면 우리는 속도를 줄여 안전하게 돌게 된다. 그런데 그 표지판이 커브 길의 시작과 동시에 나오거나 커브 길을 다 지나고 나서 나온다면 어떻게 될까? 당연히 우리는 급브레이크를 밟고는 그런 위치에 표지판을 세워 놓은 사람을 욕할 것이다. 도로표지판을 조건자극으로, 커브 길을 무조건자극으로 바꾸어 생각해 보면, 조건자극이 무조건자극보다 먼저 나와야 제구실할 것이며 그래야 실제로 학습이 잘 된다.

동물에게 직접적으로 중요한 것은 조건자극일까 무조건자극일까? 예를 들면, 종소리와 먹이 중 어느 것이 더 중요할까? 당연하게도 먹이다. 즉, 무조건자극이 기본적으로 더 중요하다. 그래서 무조건자극이 언제 어떻게 주어질 지를 미리 알 수 있다면 좋을 것이다. 고전적 조건형성은 동물에게 조건자극이 무조건자극을 예고한다는 것을 학습시킨다. 그럼으로써 조건자극이 제시될 때 동물이 무조건자극에 대비할 수 있게 만드는 것이 고전적 조건형성의 중요한 효용이다. 이러한 맥락에서 조건반응은 무조건자극에 대한 준비를 하도록 만들어진 반응이라는 **준비 반응 이론**(preparatory response theory)이 제

13) 자극이 언제 종료되는가는 학습에 별로 영향을 미치지 않으므로 중요하지 않다. 중요한 것은 자극이 언제 시작되는가다.

안되었다(Kimble, 1967). 종소리에 침을 미리 흘려 놓으면 곧 입에 들어올 먹이를 소화하는 데 도움이 된다. 만약 종소리가 전기충격을 예고한다면 미리 도망갈 수도 있고, 그러지 못할 상황이라면 몸을 움츠리고 근육을 긴장시켜 전기충격이 주는 고통을 줄일 수 있다. 종소리가 포식동물의 공격을 예고한다면 피식동물은 미리 달아나서 목숨을 보전할 수 있다. 사람이 연못가에 가면 잉어들이 사람 주위로 몰려들 때가 많다. 잉어들은 이전에 사람이라는 자극이 나타나면 곧이어 먹이가 주어지는 경험을 하여, 사람이 먹이를 예고하는 조건자극이 되었을 것이다. 따라서 잉어들이 사람 근처로 몰려드는 것은 먹이가 주어질 것을 예측한 결과로 나온 행동이라 할 수 있다.

그런데 조건자극보다 무조건자극이 먼저 제시되는 역행 조건형성에서는 어떤 일이 일어날까? 파블로프의 개에게 먹이가 주어지고 난 후에 종소리가 울린다고 하자. 이 종소리는 개에게 먹이가 좀 전에 나왔으니 이제 한동안은 나오지 않을 것임을 알려 주는 셈이다. 즉, 이 종소리는 먹이를 예고하는 게 아니라 먹이의 부재를 의미하고 따라서 개는 침을 흘릴 필요가 전혀 없다. 실제로 파블로프의 실험실에서는 개의 입에 식초를 묻힌 후에 바닐라 냄새를 맡게 한 적이 있다. 여기서 식초는 자동으로 침을 분비시키기 때문에 무조건자극이고, 바닐라 냄새는 침 흘리기와 관련 없기 때문에 중성자극이다. 식초와 바닐라 냄새의 순서로 짝짓기를 427회나 했지만 개는 바닐라 냄새에 침을 흘리지 않았다. 역행 조건형성 절차로 조건반응을 만들어 내기는 거의 불가능하다.

그렇지만 동물이 역행 조건형성에서 배우는 게 전혀 없는 것은 아니다. 전기충격이 먼저 주어지고 나서 곧 불빛이 켜진다고 하자. 이 불빛은 무엇을 의미할까? 학습 시행 간 간격이 몇 분 이상이라고 할 때 동물에게 그것은 전기충격이 끝났고 한동안은 더 주어지지 않을 것임을 의미한다. 즉, 그 불빛은 동물에게 일종의 안전 신호가 되는 것이다. 그 불빛에 공포 반응을 학습시키기는 거의 불가능하겠지만 그 반대인 이완 반응이 오히려 학습될지도 모른다.

그렇다면 고전적 조건형성을 할 수 있는 모든 동물이, 말하자면 달팽이나 플라나리아 또는 아메바까지도 조건자극이 주어지면 어떤 일이 일어날지 예측할 수 있다고 말해도 될까? 개나 고양이가 앞으로 어떤 일이 일어날지 예측하는 능력이 있다고 말하면 비웃을 사람은 별로 없을 것이다. 그러나 달팽이, 플라나리아 또는 아메바가 미래를 예측한다고 말하기는 아무래도 어색하다. 우리가 예측한다는 말을 쓸 때는 사고를 할 수 있는 능력, 즉 어떤 인지과정(cognitive process)의 존재를 전제하고 있는 듯하다. 달팽이, 플라나리아 또는 아메바에게 인지과정이라 할 만한 무엇이 있다고는 말하기 힘들다. 그렇지만 고전적 조건형성에서 인간이나 개나 플라나리아가 나타내는 행동은 논리적으로 서로 다르지 않다. 무엇이 문제일까? 앞서 5장에서 이와 직접 관련된 논의를 한 적이 있다. 즉, 개가 종소리에 침을 흘리는 이유는 먹이가 곧 주어질 것을 '알고 있어서'라기보다는 종소리라는 자극에 대한 자동적인 반사반응이기 때문이라는 이야기였다. 그리고 이 말은 인간에게도, 플라나리아에게도 똑같이 적용된다. 학습하는 개체의 내부(마음이든 뇌든)에서 무슨 일이 일어나는지와는 상관없이, 외부에서 보면 조건자극은 무조건자극을 예고하는 것이고 조건반응은 곧 주어질 무조건자극에 대비한 반응이라는 점 역시 인간과 플라나리아에게 똑같다. 준비 반응이란 어떤 일이 일어날 것을 예측했을 때 나오는 반응이다. 이렇게 보면 미래를 예측한다는 것이 반드시 인지과정의 존재를 전제해야 하는 것은 아니다. 조건자극이 미래를 예고한 결과로 나타나는 것이 조건반응이고, 이 둘 간의 관계가 조건반사다. 여기에는 생각이나 기대나 소망 같은 것이, 즉 인지과정이 끼어들지 않아도 된다. '미래 예측'이라는 일상 용어가 인지과정을 함의한다고 해서 미래에 대비하는 행동이 실제로 인지과정을 꼭 필요로 하는 것은 아니다. 우리는 치킨을 지금 당장은 먹을 수 없는 상황에서도 치킨 광고에 침을 흘릴 수 있다. 여기서 인지과정이 작동한다면 먹기를 기대하지 않으므로 침이 나오지 않아야 할 것이다. 그러나 침은 조건반사적으로 나온다. 비록 이 경우에는 미래 예측이 틀렸지만 말이다.

18. 고전적 조건형성에서 무엇이 학습되는 걸까

선천적 반사는 우리가 갖고 태어나는 것이라서 그에 대해 우리가 알든 모르든 상관없이 특정 자극만 주어지면 일어난다. 후천적 반사인 조건반사 역시 우리의 의지나 지식과는 큰 상관없이 조건자극만 주어지면 일어난다. 즉, 조건자극이 무조건자극을 예고한다는 '지식'을 우리가 습득해서 조건반사가 일어나는 게 아니다. 그렇다면 무엇이 습득된다는 말인가? 고전적 조건형성에서는 관련 없는 두 자극이 짝지어 제시되고, 이 짝짓기가 거듭되다 보면 두 자극 사이에 없었던 연결이 생겨난다. 침 흘리기를 일으킬 수 없었던 종소리가 이제는 일으킬 수 있게 되었다는 사실은 종소리와 먹이가 어떤 식으로든 새로이 연결되었음을 의미한다. 이러한 연결을 심리학에서는 **연합**(association)이라고 부른다.

학교란 단어를 들으면 머릿속에 무엇이 떠오르는가? 아마도 학생, 선생, 공부 등이 떠오를 것이다. 반면에 간장, 대장장이, 열목어 같은 것은 떠오르지 않을 것이다. 이때 우리는 학교가 학생, 선생, 공부를 연상시킨다고 말한다. 이처럼 하나의 관념이 다른 관념을 불러일으키는 작용을 **연상**(聯想)이라고 한다. 학교라는 말에 학생은 떠올라도 간장은 떠오르지 않는다는 것은 학교와 학생 사이에 어떤 식으로든 연결이 있다는 의미다. 물론 학교와 간장 사이에도 연결이 있을 수 있지만, 그것은 학교와 학생 간의 연결보다 훨씬 더 약할 것이다.[14)]

그런데 그런 연결이 어떻게 해서 생기는 걸까? 짐작하겠지만 두 관념 또는 자극이 같이 일어날 때가 많기 때문일 것이다. 학교와 학생은 자주 함께 붙어 다니는 말인 반면, 학교와 간장은 그렇지 않다. 여기서 고전적 조건형성과의 유사성을 볼 수 있다. 두 자극을 짝지어 제시(학교-학생, 조건자극-무조건자극)하면 그 둘 사이에 연결이 생긴다는 점이 똑같다. 그냥 짝지어 제시하기만 하는데 어떻게 연결이 생긴다는 걸까? 이에 답하려면 결국 신경과학을 끌어들여야 한다. 신경계를 이루는 뉴런들은 시냅스(synapse)라는 연결 부위를 통해 광대한 네트워크를 이루고 있다. 20세기 중반의 유명한 생물심리학자 헵(Hebb, 1949)은 서로 연결된 두 뉴런의 활동이 함께 일어나면, 그 사이에 시냅스 연결이 강해진다는 가설을 세웠으며, 현대에 와서 이것이 사실임이 많은 연구를 통해 밝혀졌다(Kandel, Koester, Mack, & Siegelbaum, 2021 참조). 뇌 속에서 무슨 일이 어떻게 일어나든지 간에, 행동적으로는 두 자극이 짝지어지면 그 사이에 새로운 연결이 생긴다는 사실만 우리는 기억하면 되겠다.

종소리가 나더니 치킨이 나오는 것을 여러 번 경험한 사람은 종소리가 들리면 입에 침이 고이면서 치킨을 연상할 것이다. 사람에

14) 간장을 만드는 학교에 다닌다면 학교와 간장 사이의 연결이 강할 것이다. 따라서 이러한 연결의 강도는 그 사람의 경험을 잘 반영한다.

게는 이처럼 연상이란 말을 써도 아무 문제가 없다. 하지만 고전적 조건형성을 거친 달팽이가 조건자극을 주면 무조건자극을 연상한다고 이야기해도 될까? 한 관념이 다른 관념을 불러일으키는 게 연상인데, 달팽이에게 관념이란 용어를 사용하기는 부적절하다. 게다가 방금 언급한 신경과학적 연구 결과에 비추어 볼 때 고전적 조건형성에서 두 자극이 연결되는 것은 사고 과정이 끼어들 필요 없이 뉴런 간에 생리적으로, 그리고 기계적으로 일어날 수 있는 일이다. 따라서 연상의 영어 원어인 association을 심리학에서는 달팽이나 플라나리아처럼 인간이 아닌 다른 동물에게도 사용할 수 있도록 좀 기계적인 느낌이 나는 연합이란 용어로 번역한다. 이제 고전적 조건형성에서 무엇이 습득되는가라는 질문으로 돌아가면, 조건자극과 무조건자극 사이에 새로운 연합이 형성된다고 답할 수 있다.[15)]

사실 파블로프가 말했던 답이 이것이다. 그는 무조건자극(unconditioned stimulus: UCS)이 뇌에서 그 자극의 처리를 담당하는 UCS 영역을 자극하는데, 이 영역은 무조건반응(unconditioned response: UCR)을 일으키는 UCR 영역과 선천적으로 연결되어 있다고 가정했다. 그래서 먹이라는 무조건자극이 주어지면 저절로 침 흘리기라는 무조건반응이 나온다. 조건자극(conditioned stimulus: CS, 현재로는 중성자극)은 물론 그 처리를 담당하는 CS 영역을 흥분시킨다. 하지만 UCS 영역과 CS 영역 간에는 연결이 없어서 CS 영역이 일으키는 반응은 무조건반응과 무관

15) 조건자극과 무조건반응 사이에 연합이 형성된다는 증거도 있다. 조건자극이 무조건자극 및 무조건반응과 각각 동시에 연합될 가능성도 물론 있다. 여기서는 이야기가 복잡해지지 않도록 조건자극과 무조건자극 간에 연합이 형성되는 경우만 언급한다.

하다. 고전적 조건형성 도중에는 조건자극이 무조건자극과 짝지어지면서 CS 영역과 UCS 영역 사이에 새로운 연결이 형성된다. 고전적 조건형성이 끝나고 나면 조건자극이 CS 영역을 흥분시키고, 이는 새로이 형성된 연결을 통해 UCS 영역을 흥분시킨다. 이 흥분은 이어서 UCR 영역을 흥분시켜서 무조건반응을 유발한다. 그런데 이것은 무조건자극 없이 조건자극만으로 유발된 반응이므로 무조건반응이라 부를 수 없어서 조건반응(conditioned response: CR)이라 부르게 된다. 따라서 UCR 영역이 곧 CR 영역으로 작용하는 셈이다([그림 1-11] 참조). 이 이론에 따르면 조건자극이 결국 UCS 영역을 자극하여 조건반응을 유발하는 것이므로 조건자극이 무조건자극 대

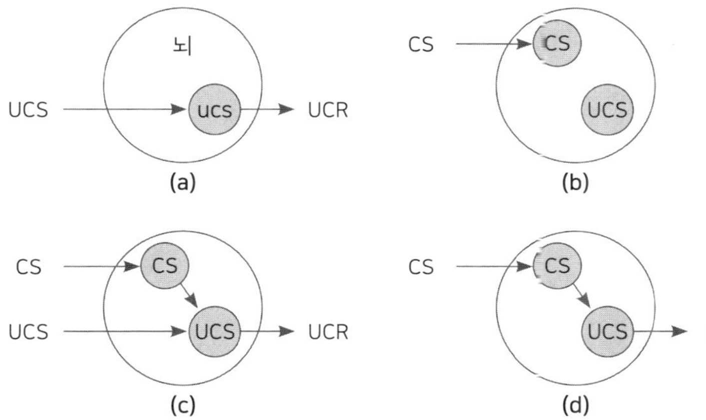

그림 1-11 **파블로프의 자극 대체 이론**

(a) 조건형성 이전: 무조건자극(UCS)이 무조건반응(UCR)을 일으킨다.
(b) 조건형성 이전: 조건자극(CS)이 무조건반응을 일으키지 못한다.
(c) 조건형성 도중: 조건자극이 무조건자극과 짝지어지고, 무조건자극이 무조건반응을 일으킨다.
(d) 조건형성 이후: 조건자극이 조건반응(CR)을 일으킨다.

신에 반사반응을 일으키는 것이다. 따라서 이 이론을 **자극 대체 이론**(stimulus substitution theory)이라 부른다.

자극 대체 이론에 따르면, 조건반응은 무조건반응과 같다. 그래서 조건형성이란 새로운 행동의 습득이 아니라 새로운 자극에 대해서 기존의 반응을 하는 것을 가리키게 된다. 먹이와 종소리가 침 흘리기라는 똑같은 반응을 유발한다. 파블로프의 이 이론에 대해서는 지지하는 증거와 반박하는 증거가 모두 존재한다.

19. 우리가 모르는 사이에 학습이 될 수 있을까

달팽이나 플라나리아에게는 의식이 없을 것이고 따라서 이 동물들은 조건자극과 무조건자극 간의 관계를 '의식'하지 않고도 학습한다. 인간은 어떨까? 종소리가 들리더니 곧 치킨이 나온다면 우리는 당연히 그 관계를 알게 될 것이다. 하지만 두 자극 간의 관계를 우리가 의식하지 못하더라도 고전적 조건형성이 이루어질 수 있다는 여러 증거가 있다. 예를 들면, 한 연구는 어려운 변별과제[16]를 사용한 조건형성에서 참가자들이 매우 비슷한 두 자극을 의식적으로는 변별하지 못하면서도 피부전도반응(skin conductance response)[17]으로는 변별할 수 있음을 명확히 보여 주었다(Schultz & Helmstetter, 2010). 이는 곧 두 자극이 너무 비슷해서 사실은 약간 다르다는 것을 사람

16) 앞서 13장에서 나왔듯이 변별 조건형성(discriminative conditioning)이란 한 중성자극에는 무조건자극을 짝지어 주고 다른 중성자극은 홀로 제시하는 절차를 가리킨다. 따라서 전자에 대해서는 조건반응이 나오고 후자에 대해서는 반응이 나오지 않을 때 변별한다고 말한다. 어려운 변별과제란 앞서 개에게서 실험 신경증을 일으켰던 것처럼 두 자극이 매우 유사해서 구분하기 어려운 것을 가리킨다.

17) 사람이 긴장하면, 예컨대 손바닥에 땀이 나면서 피부에 붙여 놓은 전극을 통해서 측정되는 전기 반응의 진폭이 커진다. 따라서 피부전도반응은 각성의 정도를 나타내는 측정치로서, 교감신경계에 의해 조절되므로 의식적 통제를 받지 않는다.

이 알지 못하는데도 의식적으로 통제하지 못하는 생리적 반응은 그 두 자극에 대해 달리 나타난다는 결과다.

지연 조건형성 절차를 사용하면 참가자들이 조건자극과 무조건 자극 간의 관계를 의식하는지와 상관없이 조건반응이 학습되는 반면, 흔적 조건형성 절차를 사용하면 그 관계를 의식한 만큼 조건반응의 강도가 달라진다(Clark, Manns, & Squire, 2001). 흔적 조건형성에서는 조건자극이 끝나고서 무조건자극이 제시되기 전에 아무 자극도 없는 기간(즉, 흔적 기간)이 있는데, 그동안 조건자극에 대한 어떤 흔적이 머릿속에 남아 있어야 무조건자극과 연합될 수 있을 것이다. 즉, 조건자극이 눈앞에 없어도 그것을 기억하고 있어야 학습이 가능하며, 이때 의식이 개입하는 것으로 보인다. 이런 결과를 토대로 고전적 조건형성이 단일 과정이 아니며 각각에 관여하는 뇌 부위들도 다르다는 주장이 나왔다(Clark, Manns, & Squire, 2002). 반면에 고전적 조건형성이 일어나려면 의식 같은 고차 인지과정이 필요하다는 입장도 여전히 존재한다(Mitchell, De Houwer, & Lovibond, 2009). 하지만 조건자극과 무조건자극 간의 관계를 의식하지 못해도 고전적 조건형성이 일어날 수 있다는 여러 연구 결과를 부정하기는 어려워 보인다. 특히 의식이 있다고 보기 힘든 달팽이나 플라나리아 같은 동물에게서도 인간과 똑같은 형식의 고전적 조건형성이 일어난다는 사실은 이러한 학습에 의식이 불필요하다는 강력한 증거다. 요약하자면, 적어도 단순한 형태의 고전적 조건형성은 무의식적 수준에서 일어나며, 의식은 고전적 조건형성을 촉진할 수 있지만 필요 조건은 아니다.

20. 무조건자극 없이도 고전적 조건형성이 가능할까

어떤 중성자극을 그것과 무관한 무조건자극과 단순히 짝짓기를 거듭하면 그 둘 간에 연합이 형성된다는 것을 알았다. 그러면 중성자극을 무조건자극이 아니라 잘 확립된 조건자극과 짝지으면 조건형성이 가능할까? 물론 이 조건자극은 무조건자극이 아니지만, 그것이 유발하는 것과 비슷한 조건반응을 일으킨다. 따라서 중성자극에 조건자극을 짝지어서 조건반응이 유발되게 하면, 나중에 그 중성자극만으로도 조건반응이 유발될까?

이를 알아보기 위해 파블로프의 실험실에서는 먼저 개에게 메트로놈의 똑딱거리는 소리를 먹이와 짝지어서 메트로놈 소리에 개가 침을 흘리게 훈련했다. 이렇게 메트로놈 소리를 조건자극으로 만든 후, 검은 사각형을 제시하고 메트로놈 소리를 들려주었다. 개는 당연히 검은 사각형에 침을 흘리지 않았지만, 메트르놈 소리에는 침을 흘렸다. 검은 사각형이 메트로놈 소리와 여러 번 짝지어지고 난 후에는 개가 검은 사각형에도 침을 흘리게 되었다([그림 1-12] 참조). 그 검은 사각형은 한 번도 무조건자극과 직접 짝지어진 적이 없었는데도 침 흘리기를 유발하는 조건자극이 된 것이다. 이처럼 중성

그림 1-12 고순위 조건형성

1단계: 불빛(S1)을 먹이와 짝짓는다.
2단계: 메트로놈 소리(S2)를 불빛과 짝짓는다.
3단계: 메트로놈 소리가 조건반응을 유발하는지 검사한다.

자극을 잘 확립된 조건자극과 짝짓는 절차를 **고순위 조건형성**(higher-order conditioning, 또는 고차 조건형성)이라 한다. 방금의 예는 조건자극과 짝지어지는 중성자극이 무조건자극과 한 단계 떨어져 있으므로 2순위 조건형성(또는 2차 조건형성)이다.

2순위 조건형성을 통해 조건자극이 된 것을 다른 중성자극과 짝지으면 그 중성자극도 조건자극이 될 수 있을까? 다시 말하면, 3순위 조건형성이 가능할까? 물론 가능하다. 그렇다면 이런 식으로 몇 단계까지 갈 수 있을까? 전기충격을 무조건자극으로 쓸 경우 5순위 조건형성까지 가능하다는 증거가 있다(Finch & Culler, 1934). 하지만 무조건자극과의 짝짓기에서 멀어질수록 조건반응은 약해지기 마련이다.

고순위 조건형성 덕분에 고전적 조건형성의 활용도가 엄청나게 확장되는데, 왜냐하면 조건반응을 유발할 수 있는 자극이 대단히 많아지기 때문이다. 특히 단어에 정서적 의미를 부여하는 데에 고순위 조건형성의 역할이 크다. 예컨대, 〈해리 포터〉를 소설로 읽는다고 하자. 악의 무리와 선한 마법사들이 나오는데, 그 이야기를 읽으면서 독자는 선한 마법사들에게는 호감과 애정이 생기고 악의 무리에게는 혐오와 적대감이 생긴다. 어떻게 해서 그렇게 될까? 아주 단순하게 설명하면 선한 마법사들은 사랑, 돌봄, 우정처럼 호감을 일으키는 단어들과 자주 짝지어지지만 악의 무리는 죽음, 저주, 치욕처럼 혐오감을 일으키는 단어들과 주로 짝지어진다. 그런데 사랑이나 죽음 같은 단어들이 무조건자극일까? 아니다. 이 단어들은 그 의미를 학습하지 않은 사람에게서는 호감도 적대감도 일으키지 않기 때문에 무조건자극이 아니다. 즉, 그것들은 학습을 통해 정서적 반응을 일으키게 된 조건자극이다. 또한 선한 마법사들은 위기에 빠진 사람을 구해 내는 등의 좋은 사건들과 짝지어지는 반면, 악의 무리는 사람을 죽이는 등의 나쁜 사건들과 짝지어진다. 이런 사건들 역시 소설 속에서만 일어나는 일이기 때문에 무조건자극이 아니다. 그런 사건들이 독자에게서 실제로 정서적 반응을 일으키기는 하지만 그것은 무조건반응이 아니라 조건반응이다. 그 사건들을 이해할 만한 언어 능력을 습득하지 않은 사람에게서는 아무런 반응도 나오지 않을 것이기 때문이다. 따라서 악의 무리나 선한 마법사들은 잘 확립된 조건자극들과 짝지어짐으로써 정서적 반응을 독자에게서 일으키게 된다. 소설에 나오는 인물이나 장소 같은 것에 대해 우리가 느끼는 감정은 대부분 고순위 조건형성을 통해 습득된 것이라 할 수 있다.

앞서 9장에서 광고의 효과를 고전적 조건형성으로 설명했던 예로 돌아가 보자. 여기서 한 가지 질문을 해야 한다. 새로 나온 상품과 짝지어지는 인기 높은 연예인이 정말로 무조건자극일까? 무조건자극이란 아무런 학습 없이 선천적으로 어떤 반응(무조건반응)을 반사적으로 일으키는 자극이다. 광고에 나오는 연예인은 대개 매력적인 외모를 가졌기 때문에 자동으로 호감을 유발한다는 면에서는 무조건자극이다. 하지만 외모만이 연예인이 대중에게서 호감을 끌어내는 유일한 원인은 아니다. 외모는 평이해서 대중에게서 사랑도 미움도 일으키지 않는 연예인 K가 있다고 하자. K가 출연한 영화가 대박을 터뜨려서 인기가 높아진다면, K는 그 영화라는 무조건자극과 짝지어진다. 그래서 영화가 유발하는 호감과 재미를 자신도 유발할 수 있는 조건자극이 된다. 이제 K가 광고에 출연한다면 그 광고는 신상품이라는 중성자극을 잘 확립된 조건자극과 짝짓는 고순위 조건형성을 실시하는 셈이 된다.

21. 중성자극 둘을 짝지어도 연합이 형성될까

고순위 조건형성에서는 중성자극이 조건자극과 짝지어지므로 무조건자극과 직접 짝지어지는 일은 없다. 그러나 조건자극이 무조건자극의 역할을 대신하기 때문에 무조건자극 없이도 고전적 조건형성이 가능하다고 결론짓기에는 무리가 있다. 특히 파블로프의 자극대체 이론에 따르면, 뇌 속에서는 중성자극이 결국 무조건자극과 짝지어지게 된다. 그러면 진정으로 무조건자극 없이 고전적 조건형성이 가능한지를 알아낼 방법은 없을까? 고전적 조건형성을 실시하기 전에 중성자극들끼리 짝지어 보면 될 것이다.

한 연구에서는 개에게 불빛과 종소리를 2초 동안 짝짓는 과정을 하루에 20회씩 10일 동안 반복했다(Brogden, 1939). 그런 다음, 종소리를 앞다리에 가해지는 전기충격과 짝짓는 조건형성을 실시했다. 전기충격은 개가 앞다리를 움츠리는 무조건반응을 유발했고, 종소리는 점차 앞다리 움츠리기라는 조건반응을 유발하게 되었다. 이 조건형성 후, 종소리가 아니라 불빛을 제시하자 개는 불빛에도 앞다리를 움츠리는 조건반응을 나타냈다. 이 불빛은 무조건자극과 짝지어진 적이 없으며, 종소리와 짝지어진 당시에는 종소리가 조건자극이 아니어서 무조건자극을 대신할 수 없었다. 그런데도 불빛이 조건반응을 유발했다는 결과는 조건형성 단계 이전에 중성자극들이었던 불빛과 종소리가 짝지어졌을 때 정말로 무조건자극 없이도 둘 사이에 연합이 형성되었음을 입증한다. 이 현상을 **감각 사전조건형성**(sensory preconditioning)이라 한다([그림 1-13] 참조).[18] 사람을 대상으로 한 연구에서는 불빛과 버저 소리를 50회 짝지은 후, 버저 소리를 전기충격과 짝지어서 손가락 움츠리기 반응을 조건형성시켰다. 그러고나서 불빛을 제시하자 참가자 12명 중 10명에게서 손가락 움츠리기라는 조건반응이 유발되었다(Karn, 1947). 실생활의 예를 하나 들자면, 이웃집 사람이 매일 개를 산책시키는 모습이 보인다고 하자. 그 사람과 개는 내가 좋아하지도, 싫어하지도 않는 중성자극이다. 어느 날 내가 그 개에게 물리면 그 개에 대한 공포가 조건반응으로 습득될 것이다. 그러고 나서는 그 개와 항상 함께 산책하던 이

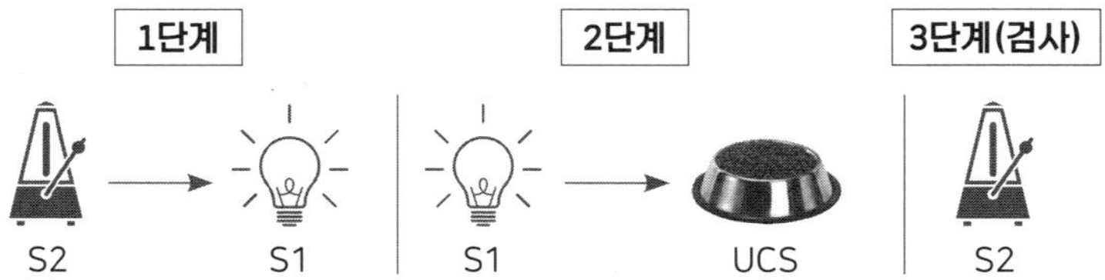

그림 1-13 **감각 사전조건형성**

1단계: 메트로놈 소리(S2)를 불빛(S1)과 짝짓는다.
2단계: 불빛을 먹이(UCS)와 짝짓는다.
3단계: 메트로놈 소리가 조건반응을 유발하는지 검사한다.

18) 조건형성 단계 이전에 감각자극들만 짝짓는다는 의미로 붙인 이름이라 추측된다. 여기서 감각자극이란 무조건자극처럼 특정 반응을 일으키지 않고 감각만 자극한다는, 즉 중성자극이라는 의미로 해석된다.

웃집 사람을 보면 싫은 느낌이 들 수 있다.

이 현상은 사람이나 동물이 자신의 환경 내에 있는, 생물학적으로 중요하지 않은 규칙성을 탐지하고 기억 속에 넣어 둘 수 있음을 보여 준다. 자신의 필요나 욕구와 무관하게 존재하는 어떤 자극들 간의 객관적인 관련성을 학습할 수 있는 능력은 어쩌면 고차 정신과정의 초석이 될지도 모른다(Yu, Lang, Birbaumer, & Kotchoubey, 2013). 현재로는 겉으로 표현되지 않고 있는 많은 연합들이, 어떤 중성자극 하나가 중요성을 띠게 되면 그와 연합된 다른 자극들까지도 중요성을 띠게 만들어서 행동에 영향을 미칠 수 있을 것이기 때문이다. 앞서 3장을 끝맺으면서 조건반사 덕분에 유기체의 생존능력이 대단히 향상된다고 이야기하였다. 그 이유는 고순위 조건형성과 감각 사전조건형성이라는 현상 때문이다. 어떤 자극이 무조건자극과 직접 짝지어져야만 미래를 예고하는 자극임을 배울 수 있는 동물에 비해 이 두 현상을 나타내는 동물은 미래를 예고하는 자극을 훨씬 더 많이 알게 되므로 상대적으로 매우 유리한 위치에 있게 된다.

22. 사람 마음, 알다가도 모르겠다는 이유는

많은 사람이 심리학에 관심을 갖는 이유 중 하나는 자신의 마음을, 그리고 타인의 마음도 잘 이해하고 싶기 때문일 것이다. 우리가 자신의 마음도 잘 모르겠다고 하는 이유가 무엇일까? 심리학의 여러 분야에서 각각 나름대로 답을 내놓을 수 있겠는데, 여기서는 학습심리학적 관점, 그중에서도 고전적 조건형성을 토대로 한 설명을 시도해 보자.

우선, 우리가 내 마음을 모르겠다고 할 때 그 마음은 크게 두 가지로 해석할 수 있겠다. 하나는 인지적 측면이고 다른 하나는 감정적 측면이다. 어떤 문제의 해결책을 놓고 고민하다가 갑자기 어떻게 할지 답이 떠오를 때, 우리는 어떤 과정을 거쳐 그런 답이 나오는지 잘 이해하지 못한다. 마음의 작동을 연구하는 인지심리학은 사실상 대부분 마음의 무의식적 정보처리 과정을 탐구하는 분야다. 그런데 사람들이 정작 내 마음을 모르겠다고 할 때는 그런 인지적 측면보다는 감정적 측면을 이야기하는 것으로 보인다. 나는 왜 무언가를 또는 누군가를 좋아하거나 싫어하는지, 왜 남들은 그냥 넘어갈 일에 분노하는지, 왜 밑도 끝도 없이 즐겁거나 슬픈지 등 주로 감정이 잘 이해되거나 통제되지 않는다는 불평이 곧 내 마음이 왜 이럴까라는 질문이다. 지금까지 이야기한 내용을 요약하면서 이 질문에 답해 보자.

첫째, 우리의 감정은 대부분 고전적 조건형성을 통해 습득된 조건반응이다. 그래서 특정 자극이 주어지면 특정 감정이 유발되는데, 그 특정 자극은 우리가 의식할 때도 있고 의식하지 못할 때도 있다. 후자의 경우에는 왜 내가 갑자기 기분이 좋은지 또는 나쁜지 몰라서 혼란스러워진다. 또한 전자의 경우라도 그 감정이 습득된 과정을 사람들은 대부분 모르기 때문에 어떤 자극에 대해 왜 그런 감정이 느껴지는지 의아해할 경우("난 왠지 모르지만 ○○만 보면 그저 기분이 좋아.")가 많다.

둘째, 고전적 조건형성으로 습득된 감정, 즉 조건 정서반응은 기본적으로 반사반응이다. 따라서 다른 반사반응을 우리가 뜻대로 통제하기 힘든 만큼 감정도 의지로 통제하기 어려울 때가 많다. 그런데 이를 이용하여 기분을 전환시키는 것이 가능하다. 예컨대, 기분이 나쁘거나 슬플 때 그 원인과 아무 상관이 없지만 자신을 즐겁게 하는 어떤 자극, 즉 맛있는 케이크를 먹거나 좋아하는 아이돌의 사진을 보면 기분이 나아질 수 있다. 이는 곧 기분을 좋게 만드는 무조건자극(케이크)이나 조건자극(아이돌 사진)으로 기분을 나쁘게 만든 무조건자극이나 조건자극의 효과를 무력화시키는 방법이다. 부부싸움 후에 화가 난 배우자의 기분을 돌리는 한 방법은, 물론 장기적으로는 그 원인을 제거하는 것이지만, 지금 당장은 배우자가 좋아하는 자극을 제시해 주는 것이다. 두 기분 사이에 또는 두 자극 사이에 인과관계가 있어야 할 필요는 전혀 없다.

셋째, 고전적 조건형성은 의식이 없다고 우리가 확신할 만한 동물에게서도 일어나는 만큼 인간에게서도 무의식적 수준에서 일어난다. 의식이 관여할 때 고전적 조건형성이 촉진되기도 하지만 의식은 이런 종류의 학습에 필요 조건이 아니다. 따라서 우리는 언제 어떻게 어떤 감정이 습득되었는지 모르는 경우가 드물지 않다.

넷째, 고순위 조건형성과 감각 사전조건형성이라는 현상은 고전적 조건형성의 영향력을 엄청나게 확장한다. 일상생활은 많은 자극이 연속적으로 제시되는 상황이다. 그 자극 중에 어떤 것들은 임의로 제시되지만, 어떤 것들은 서로 간에 일정한 관련성을 가지고 제시된다. 후자의 자극들에 대해서는 우리가 자신도 모르게 끊임없이 학습하고 있을 것이다.

고전적 조건형성은 우리가 알든 모르든 상관없이 우리 생활에서 거의 항상 일어나고 있다. 그래서 운동 반응이 학습되기도 하지만 주로 감정이 무의식적으로 학습되다 보니 우리의 마음, 즉 감정을 이해하기 힘든 상태가 된다. 그 결과 인간의 마음이 신비로워 보여서 '열 길 물속은 알아도 한 길 사람 속은 모른다.'는 말이 나오게 된다. 어쩌면 사람 마음은 정말로 깊어서 신비로운 게 아니라 단순히 우리가 무지해서 신비로워 보이는지도 모른다. 우리의 마음은 사실 맑고 깊은 우물이라기보다 우리가 모르는 사이에 학습된 많은 감정이 얽히고설켜서 알아보지 못할 정도로 혼탁해진 얕은 개울인지도 모른다.

지금까지 사람들이 별로 관심을 두지 않는 고전적 조건형성에 대해 살펴보았다. 이 학습 현상에 대해 알게 되면 뭐가 좋을까? 우선 앞에서 이야기한 것처럼 내가 가진 내 마음인데 이것을 왜 그리 이해하기도, 통제하기도 힘든지를 상당히 설명할 수 있다. 더불어 타인에 대한 이해도 증진될 수 있다. 어떤 사람이 사회적으로 받아들이기 힘든 이상한 행동을 할 때 '이상한' 놈이라고 바로 낙인찍어 버리기 전에 그의 과거 학습 경험이 어땠을지 생각하게 된다. 많은 사람이 그런 식으로 타인을 이해하려고 한다면 좀 더 포용적인 사회가 만들어질 수 있지 않을까?

제2부

스키너의 비둘기와 인간의 행동

조건반사든 무조건반사든 간에 반사는 주로 유기체의 내적인 생리와 관련된다. 이것도 물론 중요하지만, 인간에게 현실적으로 더 관심을 끄는 것은 행동이 주위 환경에 어떤 효과를 내는가다. 아이의 행동을 칭찬하거나 꾸짖으면 어떤 효과가 있을까, 공부를 열심히 하면 어떤 결과가 따라올까, 쓰레기를 무한정 만들어 내면 지구와 인간에게 어떤 결과가 생길 것인가 같은 물음이 우리가 일상생활에서 맞닥뜨리는 문제다. 행동은 일어나고 마는 게 아니라 반드시 그 결과가 행동을 했던 유기체에게로 피드백된다.[1] 그러면 앞으로 그 행동이 다시 일어날 가능성이 변하게 된다. 즉, 보상을 받은 행동은 더 많이 나타나고 보상받지 못하거나 벌을 받은 행동은 점차로 사라진다. 이는 곧 어떤 행동이 학습될지는 그 행동의 결과가 무엇이냐에 좌우됨을 의미한다. 이처럼 유기체가 자신의 행동과 그 결과 사이의 관계를 학습하는 것을 **도구적** 또는 **조작적 조건형성**(instrumental or operant conditioning)이라고 부른다. 이때 '도구적'이란 말은 어떤 행동이 특정 결과를 초래하는 도구의 역할을 한다는 의미로, '조작적'이란 말은 그 행동이 환경에 조작을 가한다는 의미로 붙여졌다. 이러한 유형의 학습을 연구한 두 중요한 심리학자가 손다이크와 스키너다.

1) 아무런 결과가 없는 것도 결과의 하나다.

23. 개나 고양이는 '생각'을 할 수 있을까

반려견이나 반려묘를 기르는 사람들은 한 번쯤은 개나 고양이의 지능이 얼마나 높을지 궁금했을 것이다. 때때로 사람인지 동물인지 헷갈리게 만드는 영리한 행동을 하니까 말이다. 사람들은 동물의 행동을 의인화하여 설명하려는 경향이 있다. 예컨대, 여러 동물 종 간의 행동과 정신과정을 비교 · 연구하는 **비교심리학**(comparative psychology)의 창시자로 불리는 영국의 학자 로마네스(Romanes, 1886)는 인간의 특성이 다른 많은 종에게도 있다고 주장했다. 개미는 애완동물을 기르는 습관이 있고, 전갈은 불에 둘러싸이면 자살을 감행하고, 새들은 혼인의 정절을 지키며, 비버는 둑을 쌓을 때 건축학의 원리를 지능적으로 이해하고 있음을 볼 수 있다고 썼다.

그러나 한때 그의 추종자였던 모건(Morgan, 1903)은 로마네스의 연구방법이 일화적 사실을 중시하고 지나치게 의인화하는 문제점이 있다고 지적하였다. 그러면서 동물 행동에 대한 설명은 가능한 한 단순한 용어로 이루어져야 한다고 주장했는데, 이러한 '절약적 설명(parsimonious explanation)'을 중시하는 것을 **모건의 규범**(Lloyd Morgan's canon)이라고 부른다. 그는 "만약 어떤 행위가 심리 척도상 낮은 데 있는 능력이 작용한 결과로 해석될 수 있다면, 어떤 경우에도 우리는 그 행위가 더 높은 정신적 능력이 작용한 결과로 해석해서는 안 된다." 라고 썼다.

그러면 전갈이 때로는 자신을 꼬리로 쏘아서 '자살'하는 현상을 더 절약적으로 설명할 수 있을까? 모건이 이 현상을 직접 관찰하여 알아낸 것은 다음과 같다. 전갈은 자신의 신체 표면에서 이물질이나 기타 자극성 물질(예: 연기)을 제거하기 위해 보통 꼬리를 사용한다. 이것은 단순한 반사 작용이지 의도적이거나 '절망적인' 상황에서 나오는 계산된 행동이 아니다. 때로는 그 반사 작용이 너무 강력하여 전갈이 죽을 수도 있다. 이 행동을 '심리 척도상에서 더 낮은' 반사 작용의 결과로 설명할 수 있다면 '더 높은 정신적 능력'인 자살 의도를 개입시킬 필요가 없는 것이다.

전갈의 자살은 너무 무리한 의인화라고 대개 생각할 것이므로 개의 행동으로 눈을 돌려 보자. 개나 고양이가 울타리에서 문을 열고 탈출하는 것을 보고 로마네스는 이 동물들이 계획하고 사유하는 능력을 지닌다고 보았다. 그러나 모건은 더 간단한 설명이 있다고 생각하고 자신의 개를 예로 들었다. 모건의 개는 울타리의 창살 사이로 머리를 내밀고 빗장을 머리로 들어 올려서 문을 열 수 있었다. 이는 마치 개가 문이 작동하는 기계적인 원리와 빗장을 들어 올려서 연다는 개념을 '이해'해서 하는 행동처럼 보일 수 있다. 그러나 사실 이 개는 3주에 걸쳐서 울타리 창살들을 따라 앞뒤로 뛰어다니고 여기저기 창살 사이로 머리를 들이미는 등 여러 가지 시도를 하다가 마침내 정확한 해법을 우연히 찾게 되었다. 아마도 어쩌다가 빗장 바로 아래에 머리를 들이밀었다가 올리면서 우연히 빗장이 머리에 걸려서 벗겨지고 문이 열리게 되었을 것이다. 개가 한번 탈출한 뒤에는 소용없는 행동들이 빠르게 사라지면서 성공적인 행동들은 반복하는 것을 학습했다. 즉, 이 개의 행동은 3주에 걸친 일련의 시행착오의 결과였다. 이처럼 왜 작동하는지는 몰라도 어쨌거나 효과가 있는 행동은 사람이든 동물이든 계속하게 되는데, 이것이 바로 우리가 **습관**이라고 부르는 것이다.

이러한 설명이 개나 고양이가 생각 같은 것은 못 하는 동물임을 증명하는 것은 아니다. 중요한 점은 모건이 얘기했듯이 더 단순한 수준에서 설명할 수 있는데도 의인화시켜서 일부러 더 복잡하게, 더 고차원적으로 설명할 필요가 없다는 것이다.

24. 동물의 지능을 어떻게 측정할까

그러면 개나 고양이, 또는 다른 동물은 지능이 얼마나 될까? 손다이크(Thorndike, 1898)가 살던 미국에서는 동물의 지능적인 행동에 관한 이야기가 많이 떠돌았고 심지어 동물이 논리적인 사고를 한다는 주장까지 생겨났다. 그러나 모건처럼 손다이크는 그런 소문이나 개인적 일화에 기반한 주장들을 비웃으며, 그렇게 영리한 동물보다는 자기 동네에서조차 길을 잃어버리고 헤매는 우둔한 개나 고양이가 훨씬 더 많다고 지적했다. 그는 동물의 지능적 행동이 실제로 논리적 사고에 의한 것인지, 다른 동물의 행동을 모방한 것인지, 아니면 어쩌다 우연히 일어난 것인지 알기 위해서는 동물이 전혀 본 적 없는 새로운 문제를 주고 어떻게 해결하는가를 살펴보아야 한다고 생각했다. 그래서 만들어 낸 것이 [그림 2-1]에 있는 것과 같은 '문제상자(puzzle box)'다. 이 그림에 소개된 문제상자는 그 속의 작은 널빤지를 밟으면 빗장이 뽑히면서 문이 열리게 되어 있다. 손다이크는 탈출에 필요한 반응이 다른 상자들을 여러 개 만들었고, 세 개의 상자에서 각각 필요한 반응을 합쳐서 세 개의 반응(예: 고리 당기기, 레버 누르기, 손잡이 돌리기)을 해야 탈출할 수 있는 문제상자도 만들었다. 세

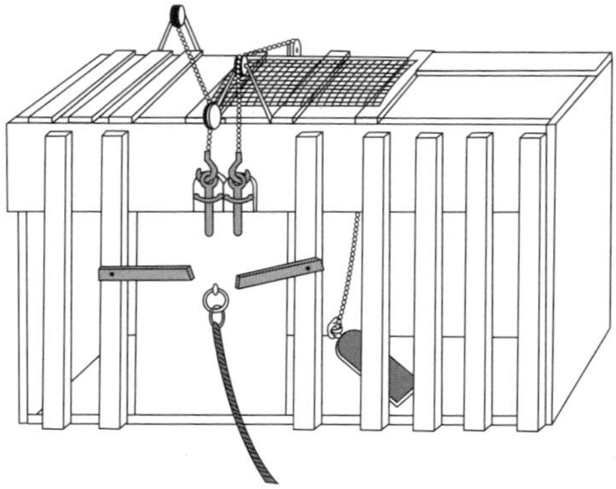

그림 2-1 손다이크가 만든 문제상자 중의 하나

출처: 윤가현 외(2012).

반응을 따로 학습한 고양이가 그 정보를 결합할 수 있는지를 알아보기 위해서였다.

손다이크는 이와 같은 문제상자에 배고픈 고양이를 넣고 바깥에 먹이를 놓아두었다. 고양이는 그 속에서 우왕좌왕하다가 바닥이나 창살을 할퀴거나 물어뜯기도 하고 먹이를 향해 창살 사이로 앞발을 내밀어 보기도 하고 야옹거리기도 한다. 얼마 동안 그렇게 여러 가지 소용없는 행동을 하던 고양이는 우연히 널빤지를 밟게 되는데, 그러면 빗장이 뽑히면서 문이 열려 빠져나가게 된다. 만약 고양이가 논리적 사고를 한다면 문제상자에서 탈출하는 데 걸리는 반응 시간이 어떻게 변할까? 처음에는 오래 걸리겠지만 널빤지를 밟았더니 문이 열리더라는 사실, 즉 두 사건 간의 관계를 '이해'한다면 그 시점 이후로 반응 시간이 급격히 감소하고 나서는 거의 변화가 없어야 할 것이다. 문제를 이해하여 해결한 이후에는 오류(널빤지 밟기 외의 반응들)가 나오지 않을 것이기 때문이다. 따라서 반응 시간이 길다가 갑자기 짧아져서 그대로 유지되는 계단식 그래프가 그려져야 할 것이다. 그러나 [그림 2-2]에서 보듯이 실제 결과는 그게 아니라 반응 시간이 들쑥날쑥하면서 점진적으로 줄어드는 것이었다. 고양이를 문제상자에 넣고서부터 빠져나올 때까지를 한 시행으로 볼 때, 시행이 거듭될수록 점차로 향상이 나타났다. 즉, 잡다한 행동은 점점 줄어들고 짧은 시간 내에 올바른 반응이 나오게 되었다. 이런 결과는 병아리, 개, 원숭이 등의 다른 동물을 사용한 연구에서도 반복되었다.

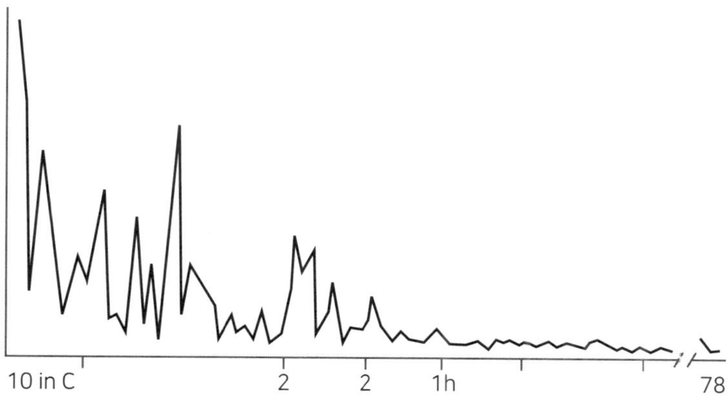

그림 2-2 손다이크의 문제상자에서 한 고양이가 탈출하는 데 걸린 시간

X축 바로 아래의 "10 in C"는 문제상자 C에 넣어진 제10번 그양이를 의미한다. X축의 눈금 중 숫자가 없는 것은 하루를, 2는 이틀을, 1h는 한 시간을, 78은 78시간을 의미한다(Thorndike, 1911).

세 개의 상자에서 탈출에 필요한 반응을 학습한 고양이를 그 세 반응을 모두 수행해야 하는 문제상자에 넣은 결과는 어땠을까? 실망스럽게도 고양이들은 탈출하지 못했다. 즉, 적어도 이 문제상자 과제에서는, 고양이가 어떤 정보들을 결합하여 추론하는 능력을 보여 주지 못했다. 이 상자뿐 아니라 어떠한 문제상자에서도 고양이는 문제 해결을 위한 '사고 과정'이라 할 만한 것을 보여 주지 못했다.

그러면 동물의 지능이 얼마나 될까라는 질문으로 돌아가 보자. 인터넷 블로그에는 개의 지능지수(intelligence quotient: IQ)가 60이고 돌고래의 IQ는 80 정도라는 등 어디서 가져왔는지 모를 정보들이 올라와 있다. 동물의 지능을 어떻게 측정했을까? 사람에게 실시하는 지능검사를 동물에게 했을 리는 없다. 아마도 한 가지 방법은 사람이 각 연령대에서 해결할 수 있는 다양한 수준의 문제를 동물에게 비슷한 형식으로 제시하고, 어떤 수행을 보이는가를 비교하여 지능 수준을 추정하는 것일 듯하다. 그래서 개의 지능이 만 2~3세 아동의 지능과 비슷하다는 등의 이야기가 나왔을 것이다. 그런데 이게 공정한 방법일까? 동물이 살면서 해결해야 하는 문제는 사람이 맞닥뜨리는 문제와는 전혀 다를 수 있다. 예컨대, 쥐에게 중요한 지능은 위험이 닥칠 때 어느 구석으로 도망가서 숨을 수 있는가를 판단하고 기억해서 실행하는 능력일 것이다. 쥐는 공간 능력이 뛰어난 동물이다. 그런 쥐에게 현대 사회에서 살아가는 사람에게 중요한 능력(예: 언어 지능)을 측정하는 문제들을 준다면 쥐의 지능은 당연히 과소평가될 것이다. 사실 더 근본적인 문제는 일상 용어로는 지능의 의미가 명확해 보이지만, 학문적으로는 지능이 무엇인지 잘 정의되지 않는다는 것이다. 심리학자들은 아무도 IQ 점수가 곧 지능이라고 생각하지 않는다. IQ 점수는 학업 성적을 잘 예측하는 지능의 한 지표일 뿐, 지능 그 자체가 아니다. 사회 지능, 정서 지능, 운동 지능 같은 다중 지능은 IQ 검사에 포함되지도 않는다. 아주 넓게 보자면 지능은 어떤 동물이 자신이 사는 환경에 얼마나 잘 적응해 있느냐일 수 있다. 쥐가 인간과 같은 환경에서 산다면 대단히 지능이 낮은 동물이 될 것과 꼭 마찬가지로 인간이 쥐와 같은 환경에서 산다면 역시 지능이 낮아 금방 멸종될 것이다. 요약하자면, 인간의 기준을 다른 여러 동물 종에게 들이대면서 지능을 측정하려는 것은 공정하지도, 가능하지도, 쓸모 있지도 않은 일이다.

25. 문제상자에서 동물은 무엇을 학습할까

문제상자에 넣어진 고양이는 첫 시행에서 여러 가지 소용없는 반응을 하다가 결국에는 올바른 반응을 하게 되는데, 이 최초의 해결책은 우연한 것이다. 어쨌거나 그 행동은 성공하여 손다이크의 말에 따르면 '만족스러운 사태'를 가져온다. 올바른 반응 이외의 다른 반응들은 고양이가 계속 그 상자 속에 갇혀 있게 되는 '괴로운 사태'로 이어진다. 둘째 시행에서 고양이는 계속 성공적이지 못한 행동을 하지만 결국에는 올바른 행동을 또 하게 된다. 시행이 거듭될수록 실패하는 행동은 서서히 제거되고 성공하는 행동이 점점 더 빨리 일어난다. 이것이 앞서 모건의 개에서도 보았듯이, 여러 가지 반응을 아무렇게나 해 보다가 그중에서 우연히 문제를 해결하게 되는 어느 한 반응이 여러 시행에 걸쳐 점진적으로 습득되는 전형적인 **시행착오학습**(trial-and-error learning)이다.[2] 이 과정에서 동물이 자신의 반응과 그 결과 간의 관계를 꼭 이해할 필요는 없다. 최초의 해결책이

2) 손다이크는 오류보다는 성공을 더 중요시하여, 시행착오보다는 시행과 우연한 성공(trial and accidental success)이라는 용어를 선호했다. 실제로 습득되는 것은 오류를 범한 반응이 아니라, 성공을 가져온 반응이기 때문이다.

우연히 나온 것이기 때문에 그 후로도 왜 그것이 문제를 해결하는지를 이해해야만 똑같은 반응이 다시 나올 수 있는 것은 아니다. 그저 해결책이었던 반응이 반복되면 만족스러운 사태가 뒤따를 뿐이다. 손다이크에 따르면 만족스러운 사태라는 결과가 그것을 일으킨 반응을 각인(stamp-in)시킨다. 반면에 괴로운 사태를 가져온 반응은 탈락(stamp-out)된다. 여기서는 동물에게서 고차적인 사고 과정의 존재를 가정할 필요가 없다. 이를 잘 보여 주는 예를 손다이크(1898)가 이야기한다. 어떤 문제상자에서 고리를 당김으로써 탈출하기를 학습한 고양이가 나중에 그 고리가 제거되었을 때도 똑같은 곳을 앞발로 당기려 했다는 것이다!

그러면 문제상자 같은 환경에서 동물은 무엇을 학습하는 걸까? 손다이크에 따르면 학습이라는 과정은 자극 상황(예: 문제상자 속의 널빤지)과 그 상황에서 성공적인 반응(예: 널빤지 밟기) 사이에 연결, 즉 **연합**이 형성되는 과정이다. 반응이 각인된다는 말은 곧 연합이 형성된다는 의미다. 특정 자극 상황이 주어지면 특정 반응이 수행될 뿐이며, 그사이에 다른 정신과정이 개입될 필요가 없다. 자극 상황은 특정 반응과 직접 연합되어 있기 때문이다. 마치 학교란 말을 들으면 학생이나 교사가 저절로 떠오르는 것처럼 말이다. 학교란 말에 논리적 추론을 통해서 학생이나 교사가 떠오르는 거 아니다. 학교는 학생이나 교사와 강하게 '연합'되어 있으므로 다른 인지과정의 매개 없이 바로 반응이 나온다. 이는 고전적 조건형성에서 종소리가 들리면 먹이가 뒤따를 것임을 알기 때문에 침이 흘러나오는 게 아니라 종소리와 먹이 사이에 연합이 형성되었기 때문에 저절로 침이 나온다는 것과 똑같은 이야기다.

앞에서 본 바와 같이 행동은 어떤 결과(즉, 효과)를 낳는가에 따라 앞으로 증가하거나 감소하는데, 이를 손다이크는 다음과 같은 **효과 법칙**(law of effect, 또는 효과율)으로 표현했다. 즉, 특정 상황에서 만족스러운 사태를 가져온 반응은 비슷한 상황에서 다시 일어날 가능성이 더 크고, 불쾌한 사태를 가져온 반응은 다시 일어날 가능성이 더 작다. 만족스러운 사태는 그것을 초래한 반응과 특정 상황 간의 연합을 강하게 만드는 반면, 불쾌한 사태는 그런 연합을 약하게 만든다. 이렇게 특정 상황에서 발생한 행동이 그것이 초래한 결과에 따라 수정되는 것을 **도구적 조건형성**(instrumental conditioning)이라 한다.

26. 행동의 결과가 동일하면 그 효과도 동일할까

사람이나 동물이 했던 행동의 결과가 만족스러운지 괴로운지 어떻게 알 수 있을까? 그런 주관적 상태를 다른 사람이나 동물이 직접 알 수는 없다. 게다가 어떤 사람에게는 만족스러운 것이 다른 사람에게는 만족스럽지 않을 수 있다. 예를 들어, 편의점에서 시간당 최저임금의 세 배 정도 되는 3만 원을 받으며 일하면 만족스러울까? 아르바이트를 하는 학생에게는 만족스럽겠지만, 한 달에 1억 원을 버는 프로 스포츠 선수에게는 전혀 그렇지 않을 것이다. 따라서 그 일을 하는 행동이 학생에게서는 증가하지만, 스포츠 선수에게서는 감소한다. 동일한 행동에 대하여 동일한 결과가 따라오는데, 그 결과가 미래의 행동 강도에 미치는 효과는 사람에 따라 정반대다. 게다가 똑같은 한 사람이 어떤 정서적 또는 경제적 상태에 있는가에 따라 동일한 자극이 좋게도, 나쁘게도 느껴질 수 있다.

이미 보았듯이 학습은 경험에 의한 행동의 변화라고 정의된다. 이 정의에 학습자의 주관적인 상태는 고려되지 않는다. 어떤 경험의 결과로 행동이 증가하거나 감소하기만 하면 학습이 일어난 것이다. 이를 잘 반영하여 손다이크의 주관적인 용어를 완전히 객관적인 용어로 바꾼 학자가 스키너(B. F. Skinner, 1938)다. 그는 특정 행동을 증강하는 절차를 **강화**(reinforcement), 약화하는 절차를 **처벌**(punishment), 그리고 강화와 처벌을 일으키는 자극들을 각각 **강화물**(reinforcer)과 **처벌물**(punisher)이라고 불렀다(Skinner, 1938). 이런 정의에 따르면 행동의 결과로 주어지는 자극이 만족스러운지 불쾌한지는 상관이 없다. 오로지 중요한 것은 그 자극이 행동을 증가시키는가 아니면 감소시키는가다. 따라서 편의점에서 일하는 행동의 결과로 받은 시간당 3만 원이라는 임금이 학생에게는 일하는 행동을 증가시켰으므로 강화물로 작용하였고, 스포츠 선수에게는 일하는 행동을 감소시켰으므로 처벌물로 작용하였다. 학생은 그 임금에 기분이 좋아져서 일하는 행동을 더 많이 했고, 스포츠 선수는 모욕적으로 느껴서 그 행동을 안 했을 수 있다. 하지만 이는 두 사람이 임금을 받은 후에 어떤 행동을 하는가를 보고 우리가 추측하는 것일 뿐 실제로 그렇게 느끼는지 아닌지는 직접 알 수 없다.[3] 무엇보다도 그것을 아는 것이 두 사람의 미래 행동을 예측하는 데 필요하지 않다. 예컨대, 내가 편의점 점주라면 그 학생과 스포츠 선수 중 누구를 고용할까? 당연히 학생이다. 왜? 그 학생이 시간당 3만 원에 기분이 좋다는 것을 알아서일까? 아니다. 그와 상관없이, 그런 임금을 받은 후 학생은 그 일을 더 많이 했고 스포츠 선수는 더 안 했기 때문이다. 그리고 이를 근거로 앞으로도 그럴 것으로 예측되기 때문이다.

3) 물어보면 답을 하겠지만, 그 답이 거짓말이 아니라는 보장이 없다.

여기서 알 수 있는 중요한 사실은 어떤 자극이 강화물일지 처벌물일지는 그 자극이 주어진 후 행동에 어떤 변화가 일어나는지를 보기 전에는 알 수 없다는 것이다. 예컨대, 돈은 사람들이 좋아하고 원하는 것이라서 항상 강화물로 작용할 것으로 생각하기 쉽다. 하지만 프로 스포츠 선수의 예에서 보았듯이 돈이 대에 따라서는 처벌물로 작용할 수도 있다. 강화와 처벌의 정의에 따르면, 행동의 결과로 따라오는 자극이 강화물일지 처벌물일지는 그 자극의 속성(즉, 좋은 것인가 나쁜 것인가)이 아니라 그것이 행동을 증가시키는가 아니면 감소시키는가에 따라 결정된다. 즉, 좋은 자극이 곧 강화물인 것은 아니며, 나쁜 자극이 곧 처벌물인 것도 아니다. 어떤 자극이 '좋은' 것이더라도 행동을 감소시키면 처벌물이며, '나쁜' 것이더라도 행동을 증강시키면 강화물이다. 어떻게 좋은 자극이 행동을 감소시키거나 나쁜 자극이 행동을 증강시킬 수 있을까? 이와 같은 질문에 답하려면 동물 연구의 예를 앞으로 많이 들어야 할 것이어서, 먼저 도구적 조건형성 연구에서 많이 쓰이는 실험 도구인 스키너 상자(Skinner box)[4]를 소개하는 것이 좋겠다.

4) 이를 개발한 스키너는 실험 상자라고만 불렀는데, 동시대의 또 다른 유명한 학습심리학자 헐(Hull)이 스키너 상자라고 불렀고 그래서 모두가 이 이름으로 부르게 되었다고 한다.

27. 게으른 연구자를 위한 편리한 연구 도구를 만들어 볼까

이전까지는 동물학습 실험에서 주로 미로(maze)를 많이 사용했다. 미로는 단순하건 복잡하건 상관없이 실험자가 동물을 먼저 미로의 출발 지점에 두어야 하고, 동물이 목표 지점까지 가기를 기다려서, 거기에 도달한 동물을 꺼내어, 다음 시행을 위해 다시 출발 지점에 두거나 사육 상자에 되돌려 넣어야 한다. 이런 일을 몇십 번 또는 몇백 번 한다고 상상해 보라. 도구를 만드는 재주가 있었던 스키너는 미로보다 실험자의 손이 훨씬 덜 가면서도 동물 행동을 연구하기 쉬운 단순한 실험 상황을 만들고자 했다. 그래서 미로의 목표 지점에서 출발 지점으로 되돌아가는 길을 추가하여, 동물이 목표 지점에서 강화물을 받고 나면 추가된 길을 통해 스스로 출발 지점까지 돌아가게 하는 미로[5]를 개발했다. 그런데 이 미로에서도 역시 실험자가 미로 옆에 지켜 서서 동물을 출발점에 놓고 한 시행이 끝날 때마다 강화물을 채워 넣어야 했다. 스키너는 동물을 실험 상자에 넣고서 나갔다가 여유롭게 커피 한잔을 하고 돌아오면 실험 자

....

5) 지나온 길로는, 즉 역방향으로는 돌아갈 수 없도록 한쪽으로만 열리는 문을 미로에 설치하여 일방통행만 가능하게 만들었다.

료가 자동으로 나와 있는 기구를 만들고 싶었다. 그리하여 몇 번의 수정을 거쳐 만들어 낸 최종 결과가 [그림 2-3]에 나와 있는, 미로라 부를 만한 경로가 아예 없는 스키너 상자다. 이 상자는 쥐가 레버를 누르면 구석에 있는 먹이통에 먹이가 공급되도록 만들어져 있다. 실험 동물이 비둘기일 경우에는 레버 대신에 부리로 쫄 수 있는 불빛 원반이 벽에 붙어 있다. 동물의 반응은 누적 기록기(또는 누가 기록기)나 컴퓨터로 자동으로 기록된다. 실험자는 동물이 이 상자 속에서 하는 여러 가지 행동 중 레버 누르기나 원반 쪼기에 대해서만 먹이를 줌으로써 그런 반응의 빈도를 높일 수 있다. 스키너는 동물의 이런 반응을 그것이 환경에 어떤 조작을 가하는 것이라는 의미에서 **조작행동**(operant behavior)이라고 불렀다.

스키너 상자에 처음 넣어진 쥐는 어떤 행동을 할까? 손다이크의

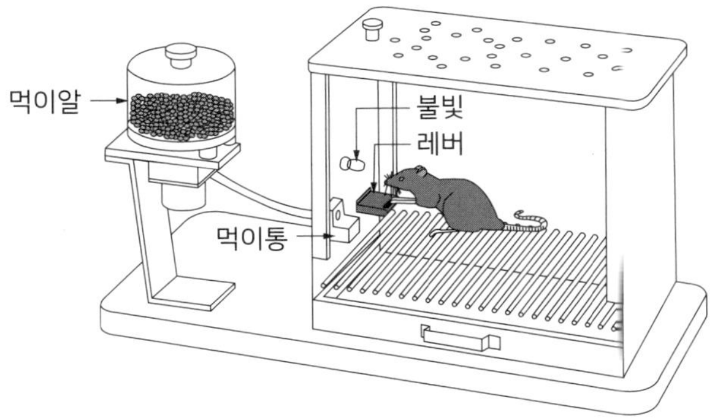

그림 2-3 스키너 상자

쥐가 레버를 누르면 먹이공급기에서 먹이알 하나가 튜브를 타고 내려와 먹이통에 떨어진다.

출처: 윤가현 외(2012).

문제상자에 처음 넣어진 고양이와 마찬가지로 여러 가지 행동을 한다. 상자 구석에다가 코를 처박고 킁킁 냄새를 맡기도 하고, 뒷발로 일어서서 주변을 둘러보기도 하고, 앞발로 세수하듯 몸치장 행동(grooming)을 하기도 한다. 사실 그 상자 속에는 레버 외에 아무것도 없어서 쥐가 별달리 할 일이 없다. 그러다가 우연히 레버를 누르게 되고 이어서 먹이가 주어진다. 그러면 쥐가 곧바로 레버와 먹이 사이의 관계를 알게 되어 이후로 계속 레버만 누르게 될까? 아니다. 손다이크의 문제상자 속 고양이와 마찬가지로 스키너 상자 속의 쥐는 다른 잡다한 행동을 하다가 우연히 레버를 또 누르게 된다. 시간이 지나면서 쥐는 점차로 다른 소용없는 행동들은 하지 않고, 결국에는 레버 누르기만 주로 하게 된다. 손다이크의 고양이와 학습하는 과정이 매우 비슷하지 않은가? 사실상 행동의 결과로 소용없는 행동들은 사라지면서 특정 행동이 점진적으로 많아지는 학습 패턴은 두 경우에 모두 똑같다. 따라서 손다이크와 스키너가 연구한 것은 논리적으로 동일한 종류의 학습, 즉 행동과 그 결과 간의 관계를 배우는 연합학습이다. 스키너는 학습되는 행동이 환경에 조작을 가하여(레버를 누름) 어떤 변화를 일으킨다(먹이가 나옴)는 점을 강조하여 **조작적 조건형성**(operant conditioning)이라고 불렀다. 따라서 조작적 조건형성은 도구적 조건형성의 동의어다.

스키너 상자에서 얻어지는 자료는 독특한 그래프를 만들어 낸다. 실험에 컴퓨터가 많이 도입되기 전에는 스키너 상자에 전기기계적으로 작동하는 누적 기록기가 연결되어 있어서 행동률(behavior rate)을 기록했다. 이 장치에는 잉크 펜 아래에 일정한 속도로 움직이는 종이가 있고, 잉크 펜이 특정 행동의 발생을 기록한다([그림 2-4A] 참조). 그 행동이 일어나지 않으면 종이에는 가로로 직선만 그어진다. 행동이 일어나면 펜이 종이의 움직임과 수직 방향으로 짧게 한 눈금 움직인다. 반응을 자주 할수록 행동률이 높아지고 그만큼 펜이 더 많이 움직이므로 잉크가 그리는 선의 기울기[6]가 더 가팔라진다. 반면에 행동률이 낮을수록 더 평평한 선이 그려진다. 그려진 반응 곡선의 각 점은 그 시점까지 행동이 일어난 총 횟수를 나타내

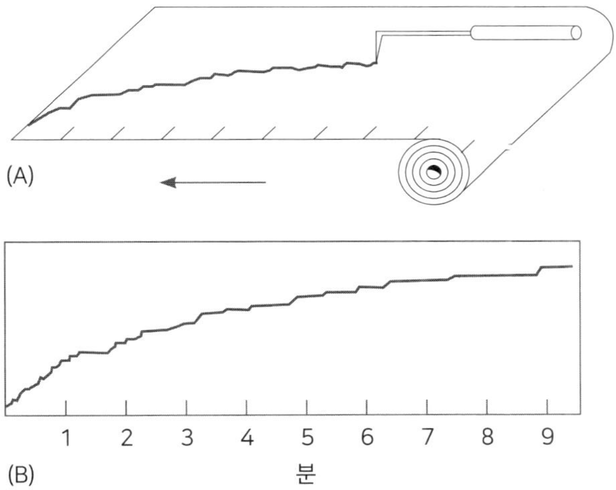

그림 2-4 **누적 기록기와 반응률**

누적 기록기에서는 한 반응이 일어날 때마다 잉크 펜이 위쪽으로 수직 이동(A)하여 종이에 행동의 누적 기록(B)이 그려지게 된다. 행동률의 변화가 학습을 나타낸다.

6) 펜이 위로 움직일 때마다 그려지는 한 눈금은 아주 작아서, 전체 그래프를 약간 멀리서 보면 반응 곡선이 매끈한 선처럼 보이게 된다. 따라서 교과서나 논문에서 볼 수 있는 매끈한 그래프는 확대해서 본다면, 사실상 많은 눈금으로 이루어진 '디지털'적인 그래프다.

므로 이 그래프는 누적 기록을 제공한다([그림 2-4B] 참조). 이 반응 곡선은 값이 누적되어 생기는 것이므로 절대로 수평선 이하로 떨어질 수 없다. 펜은 종이의 제일 윗부분에 도달하면 재빨리 맨 아래로 옮겨 가서 다시 기록을 시작하므로 그 시점에는 수직선이 그려지고 이어서 반응이 계속 기록된다. 오늘날에는 이러한 누적 기록기가 아니라 컴퓨터가 본질적으로 동일한 형태의 누적 기록을 만들어 낸다.

28. 행동에 어떤 결과가 뒤따르면 어떤 학습이 일어날까

사람들은 좋은 것을 얻기 위한 행동을 많이 한다. 즉, 좋은 자극은 그것을 얻기 위한 행동을 일반적으로 증가시킨다. 그런데 좋은 자극이 행동을 감소시키는 경우가 있을까? 당연히 있다. 고속도로에서 과속한 결과로 단속 카메라에 찍혀 벌금을 내게 되면 앞으로 속도위반을 덜 하게 될 것이다. 돈이라는 '좋은' 자극이 감소됨으로 인해 그런 결과를 초래한 속도위반 행동이 감소한다. 즉, 돈의 감소가 속도위반 행동을 처벌한다.

사람들은 또한 나쁜 자극이 주어지면 그것을 초래한 행동을 줄이게 된다. 그런데 나쁜 자극을 제거하는 행동은 어떻게 될까? 당연히 증가할 것이다. 아파트 층간 소음 때문에 어떻게 할지 고민하며 망설이다가 관리실에 전화를 걸어 불만을 접수하니 아파트 층간 소음이 없어졌다고 하자. 좀 시간이 지나서 다시 층간 소음이 나면 곧바로 관리실에 전화를 걸게 될 것이다. 즉, 층간 소음이라는 '나쁜' 자극이 제거되는 것이 관리실에 전화하는 행동을 증가시킨다.

이 예들에서 보듯이 단순히 좋은 자극은 행동을 증가시키고 나쁜 자극은 행동을 감소시키는 게 아니다. 좋은 자극이든 나쁜 자극이든 그것이 제시되는가 아니면 제거되는가가 어떤 행동이 어떤 방향으로 학습되는가를 결정짓는다. 따라서 스키너는 행동의 결과로 자극이 제시되는가 제거되는가를 한 가지 기준으로 삼고 그로 인해 미래에 행동이 증가하는가 감소하는가를 또 다른 기준으로 삼아 조작적 조건형성을 네 가지로 분류했다([그림 2-5] 참조).

		미래 행동의 강도	
		증가	감소
현재 행동의 결과	자극의 제시/증가	정적 강화	정적 처벌
	자극의 제거/감소	부적 강화	부적 처벌

그림 2-5 조작적 조건형성의 네 유형

행동의 결과로 자극이 제시(또는 증가)되거나 제거(또는 감소)될 수 있다. 그로 인해 미래에 그 행동이 증가하거나 감소할 수 있다. 이 둘을 조합하면 네 가지 조작적 조건형성이 생긴다.

어떤 행동에 뒤따르는 결과는 자극이 제시(또는 증가)되거나 제거(또는 감소)되는 것이다. 예컨대, 공부를 하면 좋은 성적이 주어질 수 있고, 노름을 하면 돈을 잃을 수 있다. 자극이 제시(또는 증가)된다는 것은 정적(positive)인 사건이고, 자극이 제거(또는 감소)된다는 것은 부적(negative)인 사건이다. 따라서 방금의 예에서 좋은 성적은 제시된 것이므로 정적인 사건이고, 돈은 제거된 것이므로 부적인 사건이다.[7] 그리고 이 결과가 그다음에 비슷한 상황에서 그 행동이 증가하게

7) 앞서도 이야기했듯이 여기서 정적, 부적이란 단어는 단순히 플러스, 마이너스의 뜻일 뿐 좋거나 나쁘다는 뜻은 전혀 아니다.

만들면 강화가 일어난 것이고, 감소하게 만들면 처벌이 일어난 것이다. 이제 각 유형의 조작적 조건형성의 예를 들어 보자.

정적 강화(positive reinforcement)는 우리가 가장 일반적으로 알고 있다. 예컨대, 농구를 잘하면 칭찬을 받고 따라서 앞으로 농구를 더 많이 하게 된다. 농구하는 행동에 칭찬이라는 자극이 제시되므로 '정적인' 결과가 생긴 것이고, 그로 인해 앞으로 농구하는 행동이 늘어나므로 '강화'가 일어났다. 아이가 그린 그림을 보고 어른이 칭찬하면 그림 그리는 행동이 늘어나는 것도 정적 강화다.

정적 처벌(positive punishment) 또한 우리가 잘 알고 있다. 아이가 예의 없이 제멋대로 행동하면 어른이 꾸짖고, 그러면 그 행동이 줄어든다. 예의 없는 행동에 꾸짖음이라는 자극이 주어졌으므로 '정적인' 결과가 생긴 것이고, 그로 인해 그 행동이 줄어들게 되므로 '처벌'이 일어났다. 뜨거운 주전자에 손을 댔다가 통증이 오는 것을 경험한 아이는 그 후로 뜨거운 주전자에 손대는 행동이 줄어들게 된다. 즉, 정적 처벌이 일어난다.

부적 강화(negative reinforcement)는 앞에서 본 아파트 층간 소음과 관련한 행동이 그 예다. 관리실에 전화하는 행동에 뒤이어 층간 소음이라는 자극이 제거되었으므로 '부적인' 결과가 생긴 것이고, 나중에 다시 층간 소음이 나면 전화하는 행동이 증강되므로 '강화'가 일어났다. 비가 올 때 우산을 쓰면 오던 비를 맞지 않게 된다. 우산 쓰는 행동으로 비라는 자극이 제거되는 부적인 결과가 뒤따르고, 앞으로 비가 오면 우산 쓰는 행동이 증가하므로 강화가 일어난다. 스키너 상자에서 쇠막대로 이루어진 바닥에 전류를 흘려서 그 속의 쥐가 약한 전기충격을 계속 받게 한다. 그런데 쥐가 레버를 눌렀을 때 전기충격이, 예컨대 20초 동안 멈춘다면 쥐의 레버 누르기는 증가한다. 레버 누르기 행동이 주어지던 전기충격을 제거하므로 부적인 결과가 생겼고, 그로 인해 앞으로 레버 누르기가 증가하므로 강화가 일어났다. 이 모든 예에서 행동의 결과로 제거되거나 감소한 자극은 소위 '나쁜' 것들인데, 그런 결과를 가져온 행동은 앞으로 증가한다. 즉, 나쁜 자극은 제거되거나 감소함으로써 행동을 증가시킬 수 있다.

부적 처벌(negative punishment)은 앞서 본 속도위반 행동의 결과로 내가 가진 돈이 감소하는 것이 그 예다. 벌금을 내어 돈이 감소하는 것은 부적인 사건이고, 이후로 속도위반 행동이 줄어들었으므로 처벌이 일어났다. 아이가 게임을 너무 오래 하여 부모가 용돈을 줄여 버리면 게임 행동이 줄어든다. 게임 행동에 용돈이 줄어드는 부적인 결과가 따라오고, 그로 인해 게임 행동이 줄어드는 처벌이 일어난다. 좋은 자극은 제거되거나 감소함으로써 그런 결과를 가져온 행동을 감소시키게 된다. 따라서 부적 처벌은 **벌금 훈련**(penalty training) 또는 **반응 대가**(response cost, 또는 반응 비용)라고도 부른다.

다시 한번 강조하자면 정적, 부적이란 용어는 어떤 자극이 좋거나 나쁘다는 것을 의미하는 게 아님을 명심해야 한다. 전기충격은 흔히 처벌물로만 작용할 것으로 생각하기 쉽지만, 이미 보았듯이 강화물로도 작용할 수 있다. 또한 돈은 강화물로 생각하기 쉽지만, 처벌물이 될 수도 있다. 요약하자면, 정적 강화와 부적 강화는 모두

행동을 증강시키고, 정적 처벌과 부적 처벌은 모두 행동을 감소시킨다.[8)]

그런데 행동에 아무런 결과도 뒤따르지 않으면 어떻게 될까? 강화물도, 처벌물도 가져오지 않는 행동은 증가도 감소도 하지 않으면서 그대로 유지될까? 예컨대, 아이가 그림을 그려서 주위 사람들에게 보여 주었는데 아무도 좋다 나쁘다 반응을 하지 않는다고 하자. 이 아이가 계속 그림을 그릴까? 그림을 그리는 행위 자체에서 재미를 느낀다면 다른 사람의 반응과 상관없이 계속 그리겠지만, 아이가 그림을 다른 사람에게 보여 주었다는 것은 무언가 반응이 있기를 바란다는 뜻일 것이다. 그랬는데도 아무 반응이 없다면 이 아이는 십중팔구 그림 그리기를 멈추게 된다. 일반적으로 강화도, 처벌도 받지 못한 반응은 결국 사라지게 된다. 따라서 행동에 아무런 결과도 뒤따르지 않는다는 것은 처벌에 가깝다고 보아야 할 것이다.

앞의 네 가지 절차가 한 번에 하나씩 작용하는 것처럼 보이겠지만, 사실은 둘 이상이 동시에 일어날 수 있다. 예를 들면, 손다이크의 문제상자 실험에서, 고양이에게는 작은 공간에 갇혀 있는 것이

....

8) positive reinforcement와 negative reinforcement를 긍정적 강화, 부정적 강화라고 번역하기도 하는데, 이는 오해하기 쉬운 용어다. 긍정적이라는 말은 좋다는 의미로, 부정적이라는 말은 나쁘다는 의미로 보통 해석되는데, 그렇다면 부정적 강화란 행동의 결과로 나쁜 무언가가 제시되었는데 그 행동이 증가한다는 말이 된다. 그런 일은 일어나지 않는다. 이미 말했듯이 강화라는 맥락에서 positive와 negative란 말은 좋고 나쁨과 무관하다. 어쩌면 정적, 부적이라는 용어 대신 플러스, 마이너스라는 용어를 사용하는 것이 오해의 소지를 줄일지도 모르겠다. 플러스 강화, 마이너스 강화, 플러스 처벌, 마이너스 처벌이라고 하면 이해하기가 더 쉽지 않을까?

혐오스러운 일일 것이다. 널빤지를 밟아서 문이 열리면 고양이가 문제상자에서 빠져나올 수 있다. 이는 곧 나쁜 자극의 제거라는 결과가 뒤따르는 것이고, 앞으로 문제상자에 들어가면 그 행동이 더 쉽게 나오므로 강화가 일어난다. 즉, 고양이의 널빤지 밟기라는 행동은 부적 강화를 받는다. 일단 고양이가 문제상자에서 빠져나오면 문제상자 바깥에 있는 먹이를 먹을 수 있다. 즉, 먹이의 제시가 널빤지 밟기를 정적으로 강화한다. 그러므로 손다이크가 여기서 만족스러운 사태라고 부른 것은 아마도 정적 강화와 부적 강화의 조합으로 이루어진 것이다.

29. 사람을 칭찬해야 할까 아니면 행동을 칭찬해야 할까

칭찬, 돈, 상, 음식, 성공, 인정, 관심, 실력 향상, 특권 등이 **정적 강화물**(positive reinforcer)로 많이 사용되기 때문에 사람들은 흔히 정적 강화를 **보상 학습**(reward learning)이라고 생각한다. 예컨대, 선행상은 선행을 한 사람에게 주어진다. 그러나 스키너(Skinner, 1987)는 보상이라는 용어에 반대하였다. 그는 "강화물을 보상이라고 부르면 강화물의 증강 효과를 제대로 포착하지 못한다. 보상을 받는 것은 사람이지만 강화를 받는 것은 행동이다."라고 썼다. 사람이 하는 많은 행동 중에서 어떤 것은 강화물을 초래하고 어떤 것은 처벌물을 초래한다. 즉, 강화물이나 처벌물은 사람이 하는 특정 행동에 뒤따르는 것이지 그 사람 자체에 뒤따르는 것이 아니다. 선행상은 사람이 했던 특정 행동 때문에 수여되는 것인데 그 사람 자체에 수여되는 것으로 생각하는 것이 정당할까? 그 사람은 선행이 아닌, 오직 자신만을 위한 행동도 많이 했을 것이기 때문에 후자의 행동들까지 다 포함하여 상을 줄 필요는 없지 않을까?

게다가 사람들이 흔히 보상이라고 생각하는 것이 행동을 증가시키지 못하는 경우가 드물지 않다. 이때는 보상이 강화물이 아니게 된다. 행동을 증가키지 않는 자극이나 사건은 정의상 강화물이 아니기 때문이다. 예컨대, 관심 보여 주기는 많은 사람에게, 특히 아이들에게 강화적이지만, 관심이 항상 행동을 강화하지는 않는다(Sy, Borrero, & Borrero, 2010). 이와 반대로, 어떤 경우에는 분명히 보상적이지 않아 보이는 것이 행동을 증가시킬 수 있다. 꾸중, 규제, 감금, 전기충격 등 보통은 불쾌한 경험이 때에 따라서는 행동을 강화할 수 있다는 증거가 있다(예: Abramowitz, OLeary, & Rosen, 1987; Bernard & Gilbert, 1941; Morse & Kelleher, 1977; Piazza, Bowman, Contrucci, Delia, Adelinis, & Goh, 1999). 나중에 처벌에 관한 38장에서도 설명할 것이지만 꾸중이라는 분명히 혐오적인 자극이 바람직하지 않은 행동을 감소시키지 못하는 경우가 있다. 다른 사람들이 보기에는 꾸중이 처벌물로 작용해야 하지만, 비록 혐오적인 형태이기는 해도 꾸중이 어떤 사람에게는 일종의 관심이라는 강화물로 작용할 수 있기 때문이다. 따라서 앞서 여러 번 강조했듯이 행동에 뒤따르는 자극의 속성은 중요하지 않다. 보상이라는 것은 좋다는 의미를 가진 용어이므로 강화물이라는 중립적인 용어와 동일한 것이 아니다.

학습심리학에서 모든 논의의 중심은 학습하는 개체가 아니라 그 개체가 하는 특정 행동이다. 경험은 사람을 변화시키지만, 사실상 경험으로 인해 직접 변하는 것은 행동이지 사람 그 자체가 아니다. 물론 행동이 하나씩 변하는 것이 축적되어 많은 행동이 변하고 나면 사람이 변했다고 이야기할 수 있다. 하지만 그럴 때도 그 사람의 변화는 많은 행동의 변화가 조합된 결과다. 이런 관점에서는 성격의 개조라는 것이 당연히 일어날 수 있는 일이다.

우리는 자신이나 다른 사람의 성격을 어떻게 알게 될까? 성격은 직접 볼 수 있는 게 아니라 행동을 보고 추론해 낸 추상적 개념이다. 수줍다고 묘사할 수 있는 행동을 많이 하는 사람을 보고, 즉 그런 구체적인 사실로부터 우리는 그 사람이 수줍은 성격이라고 말한다. 그런데 이 사람이 그런 성격이 싫어서 더 능동적인 사람이 되기로 결심한다고 하자. 그래서 수줍은 행동을 하곤 하던 상황에서 이제는 더 적극적인 행동을 시도한다. 그런 행동이 강화를 받는다면 적극적인 행동은 더 늘어날 것이고, 그러다 보면 결국에는 과거의 수줍은 행동은 대부분 제거되고 적극적인 행동을 주로 하는 사람이 될 것이다. 그 사람의 이렇게 변한 모습을 보게 되면 사람들은 성격이 달라졌다고 말하기 마련이다.

30. 조작적 조건형성도 무의식적으로 일어날까

고전적 조건형성에서는 학습하는 개체가 어떤 행동을 하는가와는 상관없이 두 자극이 짝지어 제시된다. 파블로프의 개가 '오늘은 침 흘리기 싫어요.' 또는 '종소리는 더 듣고 싶지 않아요.'라며 반항하든 말든 개의치 않고 실험자는 종소리에다가 먹이를 짝지어 준다. 번개가 번쩍이고 나면 우리가 괴로워하든 말든 상관없이 대개 커다란 천둥소리가 뒤따른다. 이처럼 고전적 조건형성 시에 학습자는 자신에게 주어지는 자극들을 통제할 수 없다. 그리고 습득되는 조건반응은 침 흘리기처럼 대개 자율신경계가 통제하는 민무늬근(내장근)이 사용되는 불수의적 반응이다.

반면에 조작적 조건형성에서는 학습자가 자발적으로 어떤 반응을 하고 나면 특정 결과가 뒤따른다. 그 반응은 문제상자 속 고양이가 우연히 널빤지를 밟을 때처럼 의도하지 않은 것일 수도 있고, 우리가 외출하려고 문손잡이를 돌릴 때처럼 의도한 것일 수도 있다. 의도했든 말든 간에 이러한 자발적 반응은 학습자가 통제할 수 있는 가로무늬근(골격근)이 사용되는 수의적인 것이다. 요약하자면, 고전적 조건형성으로 학습되는 것은 대개 불수의적 반응인 반면, 조작적 조건형성으로 학습되는 것은 수의적 반응이다.

이런 차이점이 있지만 두 가지 모두 연합학습이란 점에서는 유사하다. 고전적 조건형성에서는 조건자극과 무조건자극 사이에, 조작적 조건형성에서는 상황이라는 자극과 자발적 반응 사이에 연합이 형성된다고 본다. 둘 모두가 연합학습이라면, 고전적 조건형성은 학습자가 모르는 사이에 진행될 수 있음을 보았는데, 조작적 조건형성도 그러할까? 이 학습에서는 반응을 먼저 해야 결과가 뒤따르므로 우리가 무슨 행동을 하는지 당연히 자각할 수 있고, 따라서 우리의 행동과 그 결과 간의 관계를 자각하기 쉽다. 그런데도 조작적 조건형성이 우리가 모르는 사이에 진행될 수 있을까? 한 연구(Verplanck, 1955)에서는 실험자가 대학생들을 한 사람씩 불러 일상적인 대화를 했다. 연구자는 처음 10분간 대학생이 "제 생각으로는……" "……라고 생각해요." "……한 것 같습니다." 등의 문구를 포함한 문장, 즉 자신의 의견을 말하는 횟수를 몰래 세었다. 그다음 10분 동안은 그런 의견 표명에 연구자가 "맞아요." "저도 동의해요." "그렇죠." 등의 응답을 하여 강화를 주었다. 인간의 경우에는 음식, 돈, 상 같은 물리적인 사물뿐만 아니라 단순한 언어적 반응도 강화물로 작용할 수 있는데, 이를 **언어적 강화**(verbal reinforcement)라고 한다. 최종 10분간은 연구자가 대학생의 의견 표명을 더 이상 강화하지 않았다. 그 결과, 실험에 참여한 23명의 대학생 모두에게서 강화가 없었던 기간보다 있었던 기간에 의견 표명의 비율이 더 높았다.

이 연구의 두 번째 실험에서는 연구자가 실험 참가자와 10분 동안 대화를 한 후 새로운 화제를 꺼냈다. 이어지는 10분 동안 참가자들이 그 화제와 관련된 어떠한 언급이라도 할 때마다 일부 참가자들은 언어적 강화를 받았고, 다른 참가자들은 강화를 받지 않았다. 그 결과, 강화를 받지 않은 참가자들은 2~3분 이내에 그 화제에 관한 이야기를 중지한 반면, 강화를 받은 참가자들은 10분 동안 그 화제 이외의 다른 것에 대해서는 거의 이야기하지 않았다. 연구자가 그 화제에 관한 이야기를 강화하기를 중지하자 그런 진술이 0으로 떨어졌다. 이 두 실험에서 참가자들은 자신이 실험에 참여하고 있는 줄도 모르는 상태였다. 사족을 붙이자면, 이 연구자가 다른 사람에게 이러한 연구 결과를 이야기해 주고 있었는데, 이를 들은 상대방이 연구자의 말 중 어떤 것을 체계적으로 강화하기 시작했고 그 결과는 예상대로 나왔다. 재미있는 것은 상대방이 자신의 말 중 어떤 것을 강화하고 있다는 사실을 연구자 자신은 전혀 자각하지 못하고 있었다는 것이다!

우리의 일상적인 대화는 이런 식으로 서로 강화와 처벌을 주고받으며 진행된다. 내가 어떤 주제를 꺼내어 말하기 시작할 때 다른 이들의 반응은 세 가지로 나눌 수 있다. 첫째, 호응하면서 관련된 이야기를 이어 간다. 둘째, 아무 반응도 하지 않고 있다가 자기 휴대전화를 들여다보기 시작한다. 셋째, 재미없는 이야기 그만하라고 말하면서 다른 주제를 꺼낸다. 첫째 경우는 내 이야기가 강화를 받은 것이고, 따라서 나는 그런 주제로 계속 이야기할 것이다. 셋째 경우는 처벌받은 것이어서 나는 (완고한 고집불통 인간이 아니라면) 다른 주제로 넘어갈 것이다. 둘째 경우는 내 행동에 대해서 아무 결과도 뒤따르지 않는 것이다. 나는 줄기차게 이야기를 계속할까? 십중팔구는 혼자서 말하다가 어색해져서 슬그머니 그 주제를 접고 말 것이다. 오고 가는 대화에서 우리는 서로 강화와 처벌을 주고받는다는 사실을 의식하면서 말할까? 적어도 이 내용을 읽기 전까지는 독자도 그런 자각을 하며 대화하지는 않았을 것이다.

조작적 조건형성은 심지어 우리가 자각하고 있는 바와는 다른 행동, 즉 말이 안 된다고 생각하는 행동까지도 습득시키고 유지할 수 있는데, 그것이 바로 미신(迷信)이다. 경기 때마다 빨간 양말을 신고 나가야 이길 수 있다고 믿는 스포츠 선수는 빨간 양말이 승리의 원인일 리가 없음을 이성적으로는 알고 있어도 그런 행동을 멈추지 못한다. 왜 그럴까? 이 선수는 과거에 한두 번 빨간 양말을 신었을 때 경기에서 이기는 결과가 우연히도 뒤따르는 경험을 했을 것이다. 이는 곧 조작적 조건형성이 일어났음을 의미하며, 그렇게 습득된 조작행동(빨간 양말 신기)은 그것이 미신적인 것임을 선수 자신이 알고 있음에도 불구하고 지속된다. 조작적 조건형성이 이성의 힘을 능가하는 이런 현상에 관하여 다음 장에서 자세히 살펴보자.

31. 행동이 아무 이유 없이 우연히 강화를 받는다면

조작적 조건형성이 일어날 때는 일반적으로 행동이 그에 뒤따르는 결과의 원인이 된다. 공부를 열심히 하는 행동은 좋은 성적이라는 결과의 원인이다. 레버 누르기 행동에 전기충격이라는 결과가 뒤따른다면 쥐는 레버를 누르지 않게 된다. 조작적 조건형성은 이와 같이 개체로 하여금 이득을 초래하는 반응은 더 많이 하고 손해를 초래하는 반응은 더 적게 하도록 만들어서 생존을 돕는 중요한 기능을 한다. 그런데 행동에 뒤이어 강화물이 순전히 우발적으로 제시되면, 즉 행동과 결과 간에 인과관계가 없으면 어떻게 될까?

스키너(Skinner, 1948)는 실험 상자에 비둘기를 넣고 무슨 행동을 하든 상관없이 먹이를 15초마다 주었다. 먹이를 이런 식으로 주는 것이 비둘기의 행동에 아무런 영향이라도 미칠까? 독자 같으면 이런 상황에서 어떻게 하겠는가? 가장 경제적인 반응은 먹이가 나오는 구멍 곁에 있다가 먹이가 나올 때마다 그냥 먹는 것일 것이다. 하지만 효과 법칙에 의하면, 반응에 강화가 뒤따르면 그 반응이 증강되어야 하므로 이런 상황에서 비둘기들은 무슨 반응이라도 학습할 것이다.[9] 그 반응과 강화 사이에 인과관계가 있든 없든 상관없이 말이다. 실험 결과는 어땠을까? 8마리의 비둘기 중 6마리가 각자 독특한 행동을 습득했다. 한 마리는 시계 반대 방향으로 원을 그리며 돌았고, 한 마리는 실험 상자의 한쪽 구석을 향하여 머리를 뻗어 올렸으며, 한 마리는 머리를 가볍게 위아래로 끄덕였고, 두 마리는 머리를 앞뒤로 흔들었으며, 마지막 한 마리는 바닥을 마치 부리로 쪼려는 것처럼 쓸고 지나가는 동작을 했다. 이 비둘기들은 그런 행동과 상관없이 강화물이 나옴에도 불구하고 이상한 의례를 행하기를 학습한 것으로 보였다. 스키너는 이를 **미신 행동**(superstitious behavior)이라고 불렀는데, 왜냐하면 비둘기들이 자신의 의례적 행동이 실제로는 강화를 초래하지 않는데도 마치 그런 것처럼 행동했기 때문이다.

미신 행동에 대한 스키너의 설명은 다음과 같다. 첫 번째 강화물이 나오기 직전에 비둘기는 어떤 행동을 하고 있었을 것이다. 만약 비둘기가 평소에 가끔 하듯이 머리를 위아래로 끄덕이고 있었다면, 그때 나온 먹이가 우연히도 머리 끄덕이기를 강화하게 된다. 그러면 머리 끄덕이기가 다시 일어날 가능성이 커지고 따라서 다시 강화를 받게 될 가능성도 커지게 되는 식으로 진행된다. 강화가 나오기 직전의 행동은 비둘기마다 다를 것이고 따라서 방금 보았듯이 각자 독특한 행동을 학습하게 된다. 따라서 미신 행동은 **우발적 강화**

9) 이런 상황에 놓인 비둘기가 먹이 구멍에서 먹이가 나온다는 사실을 처음에는 모를 것이므로, 처음부터 먹이 구멍 곁에서 기다리고 있을 리는 없다. 대신에 다른 여러 가지 행동을 할 것이다.

(accidental reinforcement, 또는 우연 강화)의 산물이라고 볼 수 있다.

미신 행동은 당연히 인간 및 다른 종들에게서도 일어난다. 스키너가 했던 앞의 연구와 논리적으로 똑같은 실험을 아이들에게 실시한 연구(Wagner & Morris, 1987)가 있다. 학령전 아이들에게 보보라는 자동 광대 인형을 소개했는데, 보보는 아이의 행동과 관계없이 일정한 시간 간격으로 구슬을 내뱉었다. 연구자는 아이에게 "보보가 가끔 구슬을 내뱉을 거야."라고 말해 주고 그 구슬을 충분히 많이 모으면 장난감과 바꿀 수 있다고 알려 주었다. 그러고는 아이를 보보와 단둘이 있게 내버려두었다. 그 결과, 12명의 아이 중 7명에게서 미신 행동이 생겨났다. 어떤 아이는 엄지손가락을 빨았고, 어떤 아이는 엉덩이를 앞뒤로 흔들었으며, 어떤 아이는 보보를 만지거나 코에 뽀뽀했다.

미신 행동은 아이뿐 아니라 어른에게서도 당연히 나타난다. 예를 들면, 도박꾼이 주사위를 던지기 전에 항상 주사위에 입으로 바람을 훅 불어넣는 행동을 한다고 하자. 왜 그럴까? 이 사람이 이전에 어쩌다가 그런 행동을 하고 나서 주사위를 던졌더니 우연히 돈을 따게 된 경험이 있다면, 그 행동은 돈을 땄다는 결과에 의해서 강화를 받았고 따라서 더 빈번히 일어나게 되었다고 설명할 수 있다. 대학생에게서 놀라운 미신 행동을 우발적 강화로 만들어 낸 연구(Ono, 1987)도 있다.

모든 유형의 미신 행동이 우발적 강화 때문에 생기는 것은 아닐 수 있다. 하지만 일단 미신 행동이 시작되면 우발적 강화보다 더 일관성 있는 강화가 작용할 수도 있다. 예컨대, 불행을 막는 부적을 지니고 다닌다고 하자. 외출하려고 집을 나섰다가 부적을 안 지녔음을 깨닫는다면 불안한 느낌이 들 것이다. 그래서 집으로 돌아가서 부적을 갖고 나오자 불안한 느낌이 사라진다면, 이는 부적 강화가 작용하고 있는 예다. 부적 지니기 행동이 불안의 제거라는 결과를 가져오고 따라서 그런 행동이 증가하기 때문이다. 평소에 부적을 지니고 다니면서 아무 사고도 안 일어난다면 이 역시 불안의 제거라는 부적 강화가 작용하는 예다.

32. 비둘기가 탁구를 할 수 있을까

효과 법칙은 방금 보았듯이 행동과 그 결과 사이에 아무런 관계가 없어도 그 행동을 변화시킬 만큼 강력하다. 하지만 효과 법칙이 작용하려면 무슨 행동이라도 일단 먼저 일어나야 한다. 그래야 강화든 처벌이든 뒤따를 수 있기 때문이다. 스키너 상자에서 쥐가 레버를 전혀 누르지 않는다면 어떻게 될까? 애초부터 나타나지도 않는 행동은 강화를 받을 수가 없고 따라서 새로운 행동이 학습된다는 것은 불가능하다. 그렇다면 조작적 조건형성이란 어떤 개체가 이미 할 수 있는 여러 행동 중 어느 것이 더 빈번하게 수행되느냐의 문제가 되고 만다.

효과 법칙에 기반을 두면서도 이러한 한계를 넘어서서 현재의 행동 목록에 없는 새로운 행동을 학습시키는 방법이 **조성**(shaping, 또는 조형)이다. 이는 목표 반응과 점차로 비슷해지는 반응을 단계적으로 강화하는 방법이다. 예를 들면, 스키너 상자에 들어간 쥐가 처음부터 바로 레버 누르기를 하지는 않는다. 레버 누르기를 빨리 학습시키려면, 먼저 쥐가 상자 안을 돌아다니다가 레버 근처로 갈 때마다 먹이를 준다. 그러면 곧 쥐는 레버 주변에서 시간을 보내게 되는데,

이제는 쥐가 레버를 향해 어떠한 움직임이라도 보여야 먹이를 준다. 그다음에는 쥐가 앞발로 레버를 건드려야 먹이를 주고, 마지막에는 레버를 눌러야 먹이를 준다. 그 결과, 쥐는 애초에는 하지 않았던 레버 누르기 반응을 꾸준히 하게 된다.[10)]

조성이란 이처럼 목표로 하는 행동을 순차적으로 닮아 가는 행동들, 즉 **순차적 근사(近似) 행동**(successive approximations, 또는 계기적 근사 행동)을 체계적으로 강화하는 훈련 절차다(Skinner, 1951). 따라서 맨 처음에 강화를 받기 시작하는 행동은 나중에 학습하게 될 목표 행동과 전혀 닮지 않았을 수 있다. 비둘기가 탁구를 하거나[11)] 개가 장난감 피아노를 치는 것 같은 동물의 재주 부리기 행동을 훈련할 때 사용되는 방법이 이 조성기법이다. 자발적으로는 거의 또는 전혀 일어나지 않을 행동을 조성기법으로 몇 분 만에 만들어 내는 일이 가능하다.

조성기법은 우리 생활에서 일상적으로 사용되고 있다. 물론 사람들이 대부분 자신이 이를 사용하고 있는 줄을 알지 못하지만 말이다. 부모나 교사는 아이가 한글 쓰기를 배울 때 처음에는 그림을 그리듯이 개발새발 한글을 써도 칭찬한다. 그러고는 점점 더 제대로 된 글씨를 닮아 가야 칭찬을 한다. 이런 방식으로 요구 수준을 점차로 올려서 마침내 아이가 글씨를 정확히 쓰게 만든다.

사람들은 자기도 모르는 사이에 아이의 문제 행동을 조성하는 경우가 흔히 있다. 예를 들어, 아이가 부모를 따라 슈퍼마켓에 갔다고

....

10) 유튜브에서 "shaping the lever press response"로 검색하면 레버 누르기의 조성 과정을 볼 수 있다(https://www.youtube.com/watch?v=4TyYZ5C8uuI&t=2s).

11) 유튜브에서 "pigeon ping pong"으로 검색하면 Skinner Foundation에서 올려놓은 것을 볼 수 있다(https://www.youtube.com/watch?v=vGazyH6fQQ4).

하자. 먹고 싶은 간식거리를 발견한 아이는 부모에게 사 달라고 요구한다. 부모가 안 된다고 거절하자 아이는 계속 징징거리며 떼를 쓴다. 피곤해진 부모는 아이의 징징거림을 멈추려고 거듭되는 요구에 항복하고 만다. 다음 번에 장을 보러 가서는 평소와 같은 아이의 요구에 부모가 지지 않으려고 버틴다. 그러면 아이는 더 큰 소리를 내거나 우는 반응을 한다. 부모는 소란을 피우지 않으려고 또 포기한다. 또 다음 번에는 통제권을 되찾으려고 결심한 부모가 아이가 울거나 소리 지르더라도 요구를 들어주지 않는다. 그러나 아이가 바닥에 누워서 악을 쓰면서 울면 또 포기하고 만다. 학습심리학적 관점에서는 강화를 받기 위해 부모가 아이에게 점점 더 무법자 같은 행동을 하도록 요구하는 셈이 되고, 아이는 어쩔 수 없이 이에 응하여 결국에는 본격적인 울화 행동(tantrum, 분노발작)이 나타나게 된다. 부모가 조성기법을 사용하려는 의도는 당연히 없었겠지만, 자기도 모르게 아이의 울화 행동을 조성한 것이다.

동물 또한 일종의 조성 절차를 사용하여 새끼를 훈련하는 것으로 보인다. 예를 들면, 수달은 처음에는 죽은 먹잇감(주로 어류)을 새끼에게 먹이지만 새끼가 커갈수록 점점 더 잡아먹기 어려운 먹잇감을 가져온다. 부상을 입었지만 도망칠 수 있는 먹잇감을 주면 새끼 수달은 그 동물을 자신이 완전히 죽여야 먹을 수 있다. 마지막에는 어미가 새끼를 사냥터로 데리고 가서 어떤 부상도 입지 않은 먹잇감을 가져온다. 따라서 새끼 수달은 먹이를 혼자서 사냥하는 기술을 점진적으로 완성하게 된다.

33. 강화를 주는 패턴을 조작하여 행동을 통제할 수 있을까

지금까지 우리는 반응을 할 때마다 강화가 주어지는 절차, 즉 **연속 강화**(continuous reinforcement)를 주로 다루었다. 만약 반응을 해도 가끔만 강화가 주어진다면 어떻게 될까? 실생활에서는 연속 강화가 주어지는 경우가 드물다. 농구선수가 슛할 때마다 골인이 되지는 않으며, 사자가 사냥 나갈 때마다 성공하지는 못한다(실제로 사자의 사냥 성공률은 1/3 정도라고 한다). 행해진 반응의 일부만이 강화를 받는 절차를 **부분 강화**(partial reinforcement) 또는 **간헐적 강화**(intermittent reinforcement)라고 한다. 간헐적 강화에서는 강화를 어떤 패턴으로 주는가, 즉 어떤 **강화계획**(reinforcement schedule)을 사용하는가에 따라 독특한 행동 패턴이 생성된다. 따라서 어떤 행동이 예측할 수 있는 비율과 패턴으로 일어나고 있다가 강화계획이 변하면 일반적으로 행동의 비율과 패턴도 그에 상응하여 예측할 수 있는 방식으로 변한다.

강화계획은 아주 다양한데, 우리는 가장 기본적인 단순 강화계획들 일부를 살펴볼 것이다. 먼저 연속 강화계획에서는 앞서 이야기했듯이 행동이 일어날 때마다 강화가 뒤따른다. 자판기에 돈을 넣을 때마다 선택한 음료가 나오는 것이 한 예다. 각각의 행동이 강화에 의해 증강되기 때문에 연속 강화는 반응률을 매우 빨리 증가시킨다. 즉, 이 강화계획은 빠른 학습 속도를 만들어 내므로 새로운 행동을 조성할 때 특히 유용하다.

간헐적 강화계획 중 가장 기본적인 것들은 강화가 반응에 대한 비율을 기준으로 주어지는가 아니면 각 강화 사이의 시간 간격을 기준으로 주어지는가에 따라 네 가지로 나누어진다. 일정한 수의 반응을 하고 나면 강화가 주어지는 절차를 **고정비율계획**(Fixed Ratio schedule: FR)이라고 한다. 예컨대, 쥐가 레버를 다섯 번 누를 때마다 강화가 주어질 수 있는데, 이는 반응 대 강화의 비율이 5 대 1인 고정비율계획으로서 FR 5라고 표기한다. 피자 박스를 10개 접을 때마다 일정한 금액을 받는 것이 한 예다. 먹이를 얻기 위해 고정비율계획에 따라 레버를 누르는 쥐는 먹이가 나올 때까지 레버를 빠르고 꾸준하게 누른다. 그러고는 나온 먹이를 먹고 잠깐 멈추었다가 다시 레버를 누른다. 강화 후에 나타나는 잠시 쉬는 시간을 **강화 후 휴지**(post-reinforcement pause)라고 부른다([그림 2-6a] 참조). 쥐가 피로해서 쉬는 것으로 생각하기 쉬우나 그것은 아니며, 왜 강화 후 휴지가 나타나는가에 대해서는 다양한 이론이 있다.

강화를 받는 데 필요한 반응의 수가 일정하지 않고 평균을 중심으로 변하는 절차를 **변동비율계획**(Variable Ratio schedule: VR)이라고 한다. 예를 들어, 레버를 다섯 번 누를 때마다 강화하는 대신 두 번째 반응을 강화하고, 다음에는 여덟 번째 반응을, 그다음에는 여섯 번째 반응을, 또 그다음에는 네 번째 반응을 강화하는 식으로 하여 평균 다섯 번 레버를 누를 때마다 강화를 줄 수 있는데, 이런 강화계획을

VR 5라고 표기한다. 영업사원이 물건을 팔려고 하는 행동은 가끔만 성공하는데, 이것이 변동비율계획의 고전적인 예다. 변동비율계획의 특징은 꾸준한 수행을 낳는다는 것이다. 강화가 언제 주어질지 모르므로 강화를 받으려면 행동을 계속하고 있는 수밖에 없다. 따라서 지속적으로 증가하는 누적 반응 곡선이 그려진다([그림 2-6b] 참조). 변동비율계획은 동등한 수준의 고정비율계획보다, 예컨대 VR 5 계획이 FR 5 계획보다, 대개 시간당 더 많은 행동을 산출한다. 실제로 학습자가 얻는 이득은 두 계획에서 동일한데도 말이다.

강화를 받고서 일정 시간이 지나고 난 후에 행해지는 반응에 대해서 강화가 주어지는 절차를 **고정간격계획**(Fixed Interval schedule: FI)이라고 한다. 그 시간 간격 동안에는 아무리 반응을 해도 강화가 주어지지 않다가, 고정간격이 끝나고 나서 반응을 하면 강화가 주어진다. 따라서 이 계획상에서 최대한 경제적인 행위는 강화를 한 번 받은 후 아무 반응도 하지 않고 쉬다가 고정간격이 끝나자마자 한 번 반응하여 강화를 받는 것이다. 그런데 실제로는 사람이든 동물이든 그런 식의 행동 패턴을 보이지 않는다. 대신에 강화를 받고서 잠시 쉬는 기간, 즉 강화 후 휴지가 나타난 후 반응률이 서서히 증가하기 시작해서 고정간격이 끝날 때쯤 최고 수준에 도달한다. 따라서 고정간격이 끝나자마자 강화를 받게 되는데, 이러한 패턴은 물결 모양의 반응 곡선을 만들어 낸다([그림 2-6c] 참조). 고정간격계획의 예로는 버스 기다리기를 들 수 있다(Crossman, 1991). 버스가 막 떠났을 때 버스 정거장에 도착했다고 하자. 그 노선은 배차 간격이 15분이므로 이제부터 15분 정도를 기다려야 하는데, 이러한 계획은 FI

15분으로 표기한다. 따라서 버스가 오는 방향을 바라보는 행동은 기다리기 시작했을 때는 별로 일어나지 않고 15분이 다 되어 감에 따라 훨씬 더 자주 일어나게 된다. 15분이 지나면 버스가 오는 방향을 꾸준히 쳐다볼 것이며, 버스의 도착이 강화물이다. 이 행동을 누적 반응 그래프로 그린다면 물결 모양의 곡선이 될 것이다.

고정간격 후에 반응을 강화하는 게 아니라 강화를 받을 수 있는 시간 간격이 어떤 평균을 중심으로 변하는 절차를 **변동간격계획**(Variable Interval schedule: VI)이라고 한다. 예를 들어, 스키너 상자에서 비둘기가 원반 쪼기를 할 때 한 번 강화 후 다시 강화를 받을 수 있는

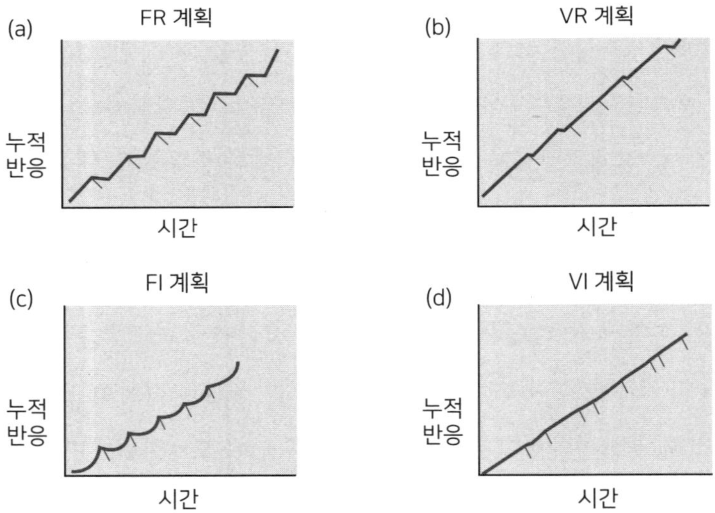

그림 2-6 네 가지 기본적인 간헐적 강화계획에 따른 반응 패턴

누적 반응 곡선에 표시된 짧은 빗금들은 강화물이 주어졌음을 나타낸다. 고정비율계획(a)과 고정간격계획(c)에서는 강화를 받은 후 잠시 반응이 멈추는 강화 후 휴지가 나타나는 반면, 변동비율계획(b)과 변동간격계획(d)에서는 강화 후 휴지가 별로 없이 지속적인 반응이 일어난다.

출처: 윤가현 외(2012).

간격이 2초일 때도 있고, 8초일 때도, 5초일 때도 있는데, 평균적으로 5초일 수 있다. 이러한 계획은 VI 5초라고 표기한다. 변동간격계획도 변동비율계획과 비슷하게 꾸준한 수행을 초래한다([그림 2-6d] 참조). 바로 위에서 본 버스 기다리기의 경우, 버스가 배차 간격과 상관없이 실제로는 불규칙한 간격으로 온다면 사람들은 버스가 오는 방향을 바라보는 행동을 꾸준히 하게 된다. 자연환경에서는 표범이 매복하여 기다리는 행동을 예로 들 수 있다. 표범은 치타처럼 사냥감을 쫓아가지 않고 숨어서 사냥감이 나타나기를 기다린다. 그 기다림이 짧을 수도 있고 길 수도 있다. 하지만 조용히 기다리면 결국 사냥감이 나타나서 기다리는 행동을 강화한다.

여기서 잠시 연속 강화로 돌아가 보자. 실생활에서는 연속 강화가 주어지는 일이 드물다. 예컨대, 처음에는 아이가 공부할 때마다 부모가 칭찬한다 치더라도 언제까지나 계속 그럴 수는 없다. 그러면 어떻게 해야 할까? 동물 연구에서 답을 얻을 수 있다. 스키너 상자에서 조성기법을 사용하여 쥐가 레버를 누르도록 만들 때는 당연히 연속 강화계획으로 시작한다. 쥐가 꾸준히 반응하게 되면 반응 대 강화의 비율을 증가시켜 FR 3 계획을 시행한다. 이 계획이 어느 정도 시행된 다음에는 FR 5로 바꾸고, 다음에는 FR 8, FR 12, FR 20, FR 30 등으로 바꿀 수 있다. 이런 절차를 **비율 늘이기**(stretching the ratio)라고 부르는데, 이를 통해 강화물 하나를 받기 위해 레버를 몇백 번 누르는 쥐나 원반을 몇백 번 쪼는 비둘기를 만들어 낼 수 있다. 아이의 공부하는 행동에 대해서 부모는 칭찬이라는 강화물을 점차로 덜 빈번하게 주는 비율 늘이기를 하게 된다.

강화계획 연구는 대부분 실험실에서 쥐나 비둘기를 대상으로 이루어진다. 스키너 상자라는 극단적으로 단순한 환경에서 이런 동물들을 사용하여 얻은 결과가 과연 실제상황에서 인간에게 적용될 수 있을까? 물론 인간은 비둘기나 쥐보다 훨씬 더 복잡하기 때문에 그렇게 알아낸 학습 원리가 인간의 행동을 모두 설명할 수는 없을 것이다. 그러나 인간 행동의 적어도 일부는 그런 원리들로 설명할 수 있는데, 성과급과 고정급을 예로 들어 살펴보자.

직장에서 시간당 급여, 즉 고정급을 받으면 일을 열심히 하든 말든 큰 상관이 없다. 따라서 그냥 시간만 때우고 급여를 챙기는 직원이 생기고 이에 불만을 품는 직원도 생긴다. 따라서 미국의 한 회사에서는 급여 제도를 성과급으로 바꾸었다. 성과급 제도는 자기가 일한 만큼 급여를 받는 것이므로, 일정한 수만큼 반응하면 강화를 받는 고정비율계획에 상응한다. 고정비율계획 상에 있는 동물은 높은 비율로 반응하며 강화 후 휴지 시간도 길지 않다. 마찬가지로 성과급을 받는 직원들은 열심히 일을 하게 되어 높은 생산량을 유지한다. 그런데 직원들의 입장에서는 성과급 제도에 바람직하지 않은 면들이 있다. 우선 자신의 성과에 따라 급여가 오르내리기 때문에 수입이 불확실하고, 경기가 후퇴하면 일거리가 적어 급여가 줄어든다. 더욱 심각한 문제는 성과급 제도가 직원들로 하여금 돈을 벌기 위해서 지나치게 많은 일을 하게 만든다는 사실이다. 시간의 낭비는 곧 경제적인 손해를 의미하기 때문에 이들은 휴식을 취하거나 화장실에 가는 것까지도 망설이게 될 정도의 속도로 일하게 되었다. 이러한 매일매일의 긴장 때문에 직원들은 성과급 제도를 싫어하게 되었고, 성과급 제도를 시행하던 회사는 이전의 고정급 제도로 돌아가기로 결정했다.

적당한 속도로 일을 하면 고정된 급여를 받는 단큼의 돈을 벌 수 있었을 텐데도 왜 직원들은 스스로 작업 속도를 늦추지 않았을까? 이 물음은 사람이 자신의 행위를 자율적으로 통제할 수 있다는 것을 전제로 한다. 스키너 같은 일부 학습심리학자들에 따르면 개인의 행동은 자신이 아니라 주로 환경에 의해 통제된다고 말한다. 따라서 고정비율계획상의 동물이 계속 높은 비율로 반응하는 것처럼 성과급을 받는 직원이 스스로 싫어할 만큼 높은 비율로 일한다는 사실은 놀라운 것이 아니다. 그것은 단지 사람의 행동에 미치는 고정비율계획의 효과일 뿐이다. 직원들이 의도적으로 반응 비율을 감소시킴으로써 강화의 빈도(즉, 급여)를 낮추고 싶어도 고정비율계획이 초래하는 반응 패턴에서 벗어나기가 쉬운 일이 아니다.

이런 경우의 한 가지 대안은 환경 자체를 바꾸는 것이다. 실제로 미국에서 노동조합이 경영에 영향을 줄 수 있게 되면서 일어난 변화 중의 하나가 성과급 제도가 시간당 급여체계로 바뀐 것이었다. 이 예를 인간의 자율성을 부정하는 것으로 볼 필요는 없다. 강화계획이 만들어 내는 행동 패턴을 우리가 벗어나서 다른 방식으로 행동하기는 어렵지만 강화계획 자체를 바꿀 수는 있다. 우리가 어떤 강화계획상에 있는지를 자각할 수 있고 우리가 원하는 강화계획을 선택할 수 있다면 인간은 그만큼 자율적인 존재라고 할 수 있다. 사실상 대통령을 뽑든 국회의원을 뽑든 선거라는 것은 어떤 면에서는 우리가 어떤 강화계획을 선택하는가의 문제다. 정치인들이 약속하는 정책이나 법안은 사실상 특정한 강화계획이라고 볼 수 있기 때문이다.

34. 왜 도박에 빠지며 왜 도박에서 헤어 나오지 못할까

특정 강화계획으로 설명할 수 있는 행동 중 하나가 도박 행동이다. 도박에 여러 형태가 있지만 여기에서는 슬롯머신이나 룰렛 같은 형태의 카지노 도박에만 한정해서 이야기하자. 카지노 도박 기계는 사람들이 돈을 잃도록 설계되어 있다. 예를 들어, '투자한' 돈에 대한 평균 반환액은 보통 90% 정도다. 즉, 10,000원을 걸면 평균적으로 9,000원을 딴다. 돈을 잃을 것이 거의 확실한데도 이런 도박을 한다는 것은 비이성적이고 무모한 행동이다. 하지만 도박을 하는 사람들은 돈 따는 재미로 도박한다고 흔히 말한다. 실제로 도박으로 돈을 딸 때 느끼는 쾌감이 뇌의 보상회로에서 도파민 방출 증가와 관련된다는 증거가 있다(예: Joutsa et al., 2012). 그러나 이것이 모든 것을 설명하지는 못하는데, 왜냐하면 도박을 하면 장기적으로는 돈을 잃어서 쾌감이 아니라 고통이 찾아오기 때문이다. 사람들은 대개 도박에 중독되는 사람은 어떤 심리적 문제가 있는 이들이라고 생각하는 경향이 있다. 실제로 도박은 우울증, 공포증, 알코올 중독, 반사회적 성격, 약물 남용 및 중독 같은 정신 건강 문제와 연관되는 경우가 많다(Watanapongvanich, Binnagan, Putthinun, Khan,

& Kadoya, 2020).

도박 중독은 복잡한 문제여서 다양한 요인이 개입할 것이다. 여기서는 도박 중독자 개인의 내적 특성이 아니라 외적 환경이 어떤 영향을 미쳤을지를 생각해 보자. 우리가 살펴볼 외적 환경이란 도박자가 경험했을 강화계획을 가리킨다. 문제의 근원은 도박이라는, 운이 작용하는 게임이 제공하는 강화계획에 있을 가능성이 크다(Kassinove & Schare, 2001; Skinner, 1953). 운에 좌우되는 대부분 게임에서 보상이 불규칙하게 주어지는 패턴은 변동비율계획과 비슷한데, 앞서 보았듯이 변동비율계획은 끈질기게 지속되는 고비율의 행동을 낳을 수 있다.

먼저, 어떻게 도박에 빠지게 되는지를 보자. 도박을 해도 중독되지 않는 사람이 사실 대부분이다. 그렇다면 왜 어떤 사람은 병적인 노름꾼이 되고 어떤 사람은 그러지 않을까? 그 이유는 모든 사람이 동일한 강화계획을 경험하는 것은 아니기 때문이다. 슬롯머신은 변동비율계획에 따라 작동한다고 할 수 있다. 즉, 돈을 넣으면 불규칙하게 가끔 돈을 딴다. 돈 따는 시행은 무작위적으로 나오기 때문에 여러 사람이 충분히 오랫동안 도박을 한다면 모두 똑같이 돈을 잃게 될 것이다. 그런데 똑같은 슬롯머신으로 도박을 한다고 해도 그 기계에서 도박하는 사람 모두가 정확하게 똑같은 경험을 하는 것은 아니다. 특히 짧은 시간 동안만 도박을 한다면 여러 사람의 경험이 대단히 다를 수 있다. 예컨대, 어떤 사람은 처음 20회 중 연달아 3~4회를 따는데 다른 사람은 한 번도 따지 못한다. 어떤 사람은 10회 만에 5만 원짜리 작은 '횡재'를 하는데 다른 사람은 50회를 해도 만 원도 못 딴다. 짧은 시간 동안 시행되는 강화계획으로 치자면, 예컨대 어떤 사람에게는 VR 5 계획(평균 5회에 한 번의 강화)이, 다른 사람에게는 VR 100 계획(평균 100회에 한 번의 강화)이 시행되고 있을 수 있다. 모두 변동비율계획이긴 해도 반응 대 강화의 비율이 크게 차이 나는 계획을 서로 다른 사람들이 경험할 수 있고, 따라서 서로 다른 행동이 생성될 수 있다.

비둘기를 사용한 실험에서 도박 초기에 많이 따는 경험이 도박에 빠지게 하는지를 검증한 연구가 있다(Christopher, 1988). 먼저 비둘기에게 불이 켜진 원반을 쪼아 먹이를 받아먹도록 훈련했다. 원반을 쪼면 고정비율계획에 따라 보상이 나왔다. 즉, 50회 쪼면 먹이 접시에서 3초간 먹이를 먹을 수 있었다. 이 FR 50 계획상에서는 하루에 30분 정도만 일하면 비둘기가 건강하게 정상 체중을 유지할 수 있었다.

그런 후에 비둘기에게 일과 도박 중 하나를 선택할 수 있게 하였다. 즉, 슬롯머신처럼 예측할 수 없는 방식으로 보상이 주어지는 다른 불빛 원반(이를 도박 원반이라 하자. 따라서 처음부터 있었던 원반은 일 원반으로 부른다)을 추가로 제시했다. 그런데 이 새 원반을 쪼면 '운이 좋도록' 실험자가 상황을 조작해서 처음 3일 동안은 비둘기가 일 원반보다 도박 원반을 쪼면 먹이를 훨씬 더 많이 받았다. 또 가끔은 비둘기가 대박을 치도록, 즉 먹이 접시에서 15초까지 먹을 수 있도록 했다. 비둘기가 이 두 원반의 차이를 알 수 있을까? 물론이다. 현재 지구상에 생존해 있는 모든 종은 어떤 선택이 더 많은 덕이를 가져오는지를 잘 변별하는 능력을 당연히 가지고 있다고 보아야 한다. 이 실험에 사용된 비둘기 두 마리 모두가 이제는 도박 원반만 쪼게 되었다. 그러나 그런 3일이 지나고 나서 실험자는 상황을 다시 바꾸었다. 이번에는 도박 원반 쪼기에 뒤따르는 강화물을 대폭 낮추어서 일 원반을 쪼는 것이 더 유리하게 만들었다. 이 달라진 상황에서 비둘기들이 예전처럼 다시 일로 돌아갈까 아니면 도박에 계속 빠져 있게 될까? 도박 원반이 일 원반보다 더 유리한 선택이었던 이전 단계에서 비둘기는 두 원반 사이의 차이를 학습할 수 있었기 때문에 이제 상황이 역전되어서 일 원반이 더 유리하게 되면 그에 맞게 행동을 변화시킬 수 있어야 한다.

그러나 이 비둘기들은 일 원반 쪼기로 돌아가지 않았다. 이들은 이제는 얻는 것이 더 적은 도박 원반을 가차 없이 쪼아 댔고, 그러면서 마침내 체중이 줄기 시작했다. 결국 실험자는 비둘기들이 굶어 죽을까 봐 도박을 못하게 하였다. 즉, 도박 원반을 아예 제거해서 쫄 수 없게 만들었다. 그렇게 되자 비둘기들은 일 원반을 다시 쪼기 시작했고 체중도 늘기 시작했다. 이 단계에서 실험자는 비둘기들이 교훈을 얻었는지 알아보기 위해 다시 도박 원반을 제공했다. 그러자 비둘기들은 또다시 도박을 했고 체중이 줄기 시작했다. 이 비둘기들은 사람으로 치면 정신을 차리지 못했다고 할 수 있다. 이러한 결과는 강화계획에 의해 형성된 행동(또는 습관)이 생존에 유리한 선택(일 원반 쪼기)을 하는 능력을 이겨 버린 것으로서, 강화계획의 힘을 보여 준다고 할 수 있다.

비둘기가 아니라 대학생을 대상으로 도박에서 딸 뻔하는 경험과 대박이 나는 경험이 도박 행동의 지속성에 미치는 영향을 알아본 연구(Kassinove & Schare, 2000)가 있다. 이 연구에서 대학생들은 네 칸짜리 슬롯머신의 컴퓨터 버전에서 도박을 하였다. 처음 50번의 시행 동안에는 돈을 딸 확률이 10%였고, 반환액은 90%였다. 또한 네 칸 중 한 칸만 빼고 모두 같은 숫자가 나오는 경우(예: 3337)처럼 딸 뻔하는 때가 15%, 30%, 또는 45%인 세 조건이 있었다. 그리고 대학생들 절반에게는 여덟 번째 시행에서 대박(10달러를 땀)이 터졌다. 처음 50번의 시행 이후에 소거 계획이 시작되었다(물론 대학생들은 이런 사실을 몰랐다). 즉, 이제부터는 절대로 딸 수가 없고 반환율도 0이 되었다. 이전의 50회 시행에서 딸 뻔했던 경험과 대박 경험이 대학생들이 얼마나 오랫동안 도박을 계속할지, 즉 도박 행동이 소거되는 데 얼마나 오래 걸릴지에 어떤 영향을 미칠까?

딸 뻔한 경험은 상당한 차이를 가져왔다. 처음 50회의 시행에서 딸 뻔한 경우가 30%였던 대학생들이 15%나 45%였던 대학생들보다 소거 단계에서 훨씬 더 오래 도박 행동을 지속했다. 도박을 멈추기까지 거의 두 배 가까이 걸렸던 것이다. 도박을 지속적으로 하게 만드는 요인이라는 관점에서 보면, 이는 딸 뻔한 경험이 너무 많거나 너무 적은 것은 효과가 약했다는 결과다.

그런데 앞의 비둘기 연구와는 달리, 대박 경험은 대학생들의 도박에 차이를 초래하지 않았다. 아마도 10달러라는 액수가 대박이라고 하기에는 충분히 크지 않았을 것이다. 이 연구에 참여한 대학생 중에는 꽤 부유한 집안 출신이 많았기 때문이다. 어쨌거나 이 드 실험은 도박을 쉽게 끊을 수 없는 이유가 그 사람이 초기에 경험한 강화계획의 특정 패턴에 있을 수 있다는 것을 보여 준다.

앞의 비둘기 실험에서 실험자가 조작했던 강화계획의 변화는 실제로 사기 도박꾼들이 사용하는 수법과 비슷하다. 타짜나 내기 당구 사기꾼은 처음에는 같이 노름하는 사람이 자주 이기게 해 준다. 그러고는 서서히 자기가 더 많이 이겨 가는데, 먹잇감이 된 사람은 나중에는 밑천이 다 털렸는데도 노름을 중지하지 못하고 계속하게 될 수 있다. 이는 앞서 살펴본 비율 늘이기의 한 예다. 변동비율계획이 만들어 내는 끈질긴 행동은 이렇게 손해를 유발하는 수준까지도 지속될 수 있는 것으로 보인다. 사실 스키너(Skinner, 1953)는 동물이 획득하는 에너지보다 소비하는 에너지가 더 많은 지점까지 비율을 늘이는 것이 가능하다고 하였다. 앞의 실험은 이를 입증하는 한 가지 결과다.

그러면 누군가가 도박에 빠지는 일을 방지할 수 있을까? 앞의 비둘기 실험에서 힌트를 얻을 수 있다. 즉, 처음 도박을 접했을 때 대박을 쳐서 따는 경험을 하지 않게 하거나, 더 좋기로는 돈을 상당히 잃는 경험을 하게 만들면 될 것이다. 예컨대, 자녀가 밖에서 친구들과 노름을 시작하기 전에 부모가 자녀에게 카드나 화투를 가르쳐서 같이 하면서 자녀의 용돈을 모두 따 버리는 전략을 쓸 수 있다. 이는 반농담조의 이야기이긴 하지만, 그렇게 하면 자녀는 노름에 대한 흥미가 떨어져서 도박에 빠지기 힘들게 될 것이다. 하지만 이 자녀가 부모에게서 배웠던 경험 덕분에 밖에서 친구들과 노름을 했더니 돈을 딸 수도 있다. 이는 부모가 통제하기 힘든 일로써 그런 전략의 부작용이라 하겠다. 여하튼 간에 중요한 점은 도박을 시작한 초기에 많은 돈을 따는 경험을 하게 되면 위험하다는 것이다.

35. 도박을 끊으려면 어떻게 해야 할까

이렇게 끈질긴 도박 행동을 어떻게 멈출 수 있을까? 화투 노름에 중독된 사람은 손목을 잘라야만 노름을 그만둔다는 우스갯소리가 있다. 이 말은 곧 사람의 의지만으로는 도박 중독에서 벗어날 수 없고 아예 도박할 수 없는 상태를 만들어야 한다는 뜻일 것이다. 그런데 손이 없다고 도박을 안 할까? 도박 중독자가 도박이 하고 싶다면 무슨 수를 써서라도 할 것이다.

손목을 자르는 것 같은 극단적인 조치 없이도 가능한 방법이 당연히 있을 수 있다. 물론 쉽지는 않겠지만 말이다. 환경에서 경험이 사람의 행동을 어떻게 변화시키는지를 연구하는 학습심리학의 관점에서 보면, 도박 중독에서 벗어나는 길은 도박을 할 수 없는 환경을 만드는 것이다. 그 환경은 물리적 환경과 사회적 환경으로 나눌 수 있다. 물리적 환경은 도박을 하던 장소나 거기로 가는 길 같은 것으로서, 그런 것들이 도박과 짝지어지면서 조건자극으로 변환되어 도박을 하고 싶은 갈망이라는 조건반응을 일으키게 된다. 사회적 환경은 주변의 사람들을 가리키는 것으로서, 도박과 연관된 사람들은 다시 도박으로 사람을 이끌 수 있고 또한 도박하고 싶은 생각이 들게 하는 조건자극으로 작용한다. 이런 환경을 단번에 바꾸는 한 방법은 지인이 아무도 없는 먼 곳으로 이사를 가서 소위 '새 삶'을 사는 것일 터다. 같이 도박하던 사람들을 만날 수도 없고, 도박하고 싶은 생각이 들게 하는 장소나 길도 없는 환경, 즉 도박에 대한 단서가 제거된 환경에서 살 수 있다면 도박 중독에서 벗어나기가 훨씬 쉬울 것이다. 하지만 여태 생활해 왔던 삶의 터전을 버리고 아무도 모르는 먼 곳으로 이사하는 것이 결코 쉬운 일은 아니다. 직장을 새로 구해야 하는 문제까지 고려한다면 이는 사실 대부분의 사람에게 비현실적인 방법이다. 게다가 사회적 환경은 가족까지 포함하는데, 가족 간의 불화로 인한 스트레스에서 벗어나기 위해 도박을 시작했다면 다른 곳으로 이사한다고 해도 가족이 변하지 않는 한 사회적 환경은 크게 바뀌지 않을 수 있다.

더 현실적인 방법은 도박을 할 만한 여유나 시간을 만들지 않는 것이다. 하루의 일이 끝나고 휴식을 취할 때 저절로 도박 생각이 난다면 위험해진다. 따라서 그런 여유 시간을 다른 활동으로 채워야 한다. 사실 도박 중독을 다루는 여러 치료소나 센터 등에서는 이러한 이유로 취미 활동을 강력히 권장한다. 운동을 하거나 악기 연주를 배우거나 그림을 그리거나 공예를 배우는 등의 활동을 하면서 도박하러 갈 시간이 날 수 없게 만들 필요가 있다. 그리고 필요하다면 도박 중독자의 가족도 치료 과정의 한 요소로서 참여하여 가족 간의 관계가 서로에게 스트레스를 줄이는 방향으로 변하는 것이 좋다.

일반적으로 어떤 유혹이든지 간에 유혹을 받고서 그것을 이기려고 애쓰는 것보다 미리 유혹 자체를 회피하는 것이 여러모로 더 낫다. 유혹을 마주하여 이기려고 하는 것은 힘든 노력이 필요한 데다가 유혹에 빠질 위험성을 감수해야 하는 일이다. 앞에서 이야기한 방법들은 모두 유혹을 이기는 게 아니라 회피하는 방법이다. 도박하고 싶은 생각이 처음부터 들지 않도록 하는 것이 중요하다.

중요한 점은 나는 왜 이리 의지가 약할까라고 자책하기 전에, 내 환경의 어떤 요소가 나를 도박으로 몰아가고 있는가를 진단하고 그 요소들을 하나씩 제거 또는 차단해 가는 것이다. 그런 조치 없이 마음만 굳게 먹으려고, 자신의 의지만 강하게 만들려고 하는 것은 실패할 위험성이 대단히 큰 방법이다. 이는 알코올 중독을 비롯하여 다른 모든 중독에도 해당되는 말이다.

36. 의지력을 어떻게 기를 수 있을까

도박을 끊으려 할 때든 술을 줄이려 할 때든 건강하지 않은 음식을 자제하려 할 때든 공부를 할 때든 어느 때라도 그런 노력이 실패하면 우리는 흔히 자신의 약한 의지를 탓한다. 어떻게 하면 의지력을 강하게 만들 수 있을까? 그냥 "마음을 굳게 먹어!" "딴생각 하지 마!" 식의 하나 마나 한 소리를 사람들은 한다. 솔직히 말하면 의지력을 강하게 만드는 구체적이고 효과적인 방법을 알려 주는 사람은 없는 것 같다.

의지력이 과연 무엇일까? 아마도 장기적인 유익한 목표를 위해서 지금 당장은 달콤하지만 결국에는 손해를 끼치는 무언가의 유혹을 뿌리치는 힘 또는 온갖 장애물에도 불구하고 목표를 향해 확고하게 나아가는 힘을 가리킬 것이다. 그렇게 보면 의지력이란 자제력과 일맥상통하는 말이다. 자제력이란 자기 자신을 억제하는, 즉 잘 조절하는 능력이란 뜻으로서, 술을 마시다가 적절한 선에서 그만두는 사람이나 시험공부를 위해서 게임을 한동안 그만두는 사람을 보고 우리는 자제력이 좋다고 말한다. 그런 사람은 학습심리학적으로는 곧 자기 통제를 잘하는 사람이다.

자기 통제(self-control)란 용어는 우리 자신의 이익을 최대한으로 만드는 방향으로 행동하는 경향을 가리킨다. 자기 통제가 개입되는 상황은 대개 여러 행동 중 하나를 선택해야 할 때다. 2차, 3차까지 술 마시며 즐기는 것과 그 다음 날 숙취 없이 일어나 출근하는 것 사이에서, 또는 지금 일단 영화를 보러 가는 것과 다음 주에 있을 시험공부를 하는 것 사이에서 선택해야 할 때 자기 통제가 관여한다. 따라서 자기 통제에 대한 실험 연구는 주로 선택의 기회를 제시하는 방식으로 이루어진다. 아이에게 지금 맛있는 것을 조금(아이스크림 한 숟가락) 먹는 것과 나중에 맛있는 것을 많이(아이스크림 한 컵) 먹는 것 사이에서, 또는 쥐가 한 레버를 눌러서 맛있지는 않은 먹이를 즉시 얻는 것과 다른 레버를 눌러서 나중에 맛있는 먹이를 얻는 것 사이에서 선택하게 하는 식이다.

그런데 왜 어떤 사람은 최대한의 이익을 얻을 수 있는 방식으로 행동하고 다른 사람은 그렇게 하지 않을까? 어떤 사람은 의지가 강하고 다른 사람은 의지가 약해서인가? 저자 서문에서 이야기했듯이 의지나 성격에 기댄 설명은 사실 순환론적이어서 별로 알려 주는 바가 없다. 그러면 어떤 다른 설명이 가능할까? 의지력을 미래의 이득을 위해 현재의 만족을 지연시키는 능력이라고 볼 때, 강화물들의 성질과 각 강화물이 얼마나 지연되는가 사이의 복잡한 상호작용이 어떤 선택을 하는가를 결정할 수 있다(Rachlin, 2004). 이 이야기는 이 책에서 다루기에는 지나치게 이론적이므로 여기서는 '의지력을 기를 수 있는' 더 실용적인 방법을 살펴보자.

자제력이 좋은 사람들은 대개 자기 통제기법들을 잘 사용하는 이들이다. 그런 기법 중 하나는 **물리적 제지**(physical restraint)로써 행동이 일어나는 것을 물리적으로 막는 무언가를 하는 것이다(Skinner, 1953). 웃으면 안 되는 상황에서 입을 손으로 틀어막는 것이 그 한 예다. 자신의 담배를 친구에게 주고 하루에 세 대씩만 주기를 부탁하거나 지나친 소비를 막기 위해 신용카드를 가위로 잘라 버리는 것도 물리적 제지다.

또 다른 기법은 **거리 두기**(distancing)다. 문제행동은 대개 아무 때나 일어나는 게 아니라 특정 상황에서 일어나기 때문에 문제행동이 일어나기 쉬운 상황과 거리를 두는 것이다. 담배를 끊으려면 식당의 금연 구역에서 식사하고 친구들이 흡연할 때는 그들을 피하는 것이 좋다. 다이어트를 하면서 책상에 맛있는 간식이 든 접시를 두고 그 유혹을 견디기보다는 그런 간식을 아예 눈앞에서 치워 버리는 것이 훨씬 낫다.

이와 유사한 기법이 **주의 분산**(distraction)이다. 저녁을 먹고 나서 쉴 때 도박하고 싶은 생각이 나면 영화를 보거나 기타를 치거나 운동을 하는 등의 방법으로 도박 이외의 것으로 주의를 돌릴 수 있다.

또 다른 기법은 **목표를 타인에게 알리기**다. 자신의 목표나 의도를 공공연히 알리면 성공할 가능성이 더 높다. 왜냐하면 친구나 지인들은 강화의 중요한 원천이기 때문이다. 살을 빼려는 사람의 노력을 주변의 사람들이 칭찬하면 그런 노력은 더 오래 지속되기 마련이다. 우리가 변화하려는 노력에 타인을 개입시키는 것은 별로 자기 통제처럼 보이지 않을 수 있지만, 목표로 하는 행동이 일어날 가능성이 커지도록 자신의 환경을 바꾸는 것도 자기 통제라 할 수 있다. 우리 주변의 사람들은 환경의 중요한 일부로서 우리에게 영향을 미친다.

행동 감시(behavior monitoring) 또는 **자기 감시**(self-monitoring)라는 기법이 흔히 권장되는 것 중 하나다. 자신이 손톱 물어뜯기를 몇 번 하는지를 단순히 세어, 매일 그래프로 그림으로써 그런 행동을 통제할 수 있다. 단순히 자신의 행동을 감시하는 것이 행동 빈도상의 원하는 변화를 가져오는 경우가 흔히 있다.

이외에도 많은 자기 통제기법들이 있어서 누구나 자기 자신의 행동을 더 잘 통제하는 것이 가능하다(Watson & Tharp, 2013).[12] 그러나 그렇게 하지 않는 사람이 많다. 자기 통제기법의 사용 그 자체가 행동이고, 따라서 그 결과에 의해 만들어지고 유지된다. 다시 말하면 자기 통제기법의 사용은 학습되는 것이다. 한 연구에서는 공격적인 사춘기 소년들에게 자기 통제기법을 사용하기를 가르쳐서 그들의 파괴적 행동을 감소시킬 수 있었다(Larson, Calamavi, West, & Frevent, 1998). 자기 통제를 잘 못하는 사람은 의지력이 없거나 성품이 나약한 것이 아니라 교육을 받지 못한 것이다.

12) 이 책의 번역본이 『충동과 자기관리』라는 제목으로 출간되어 있다(정경미 외, 2015).

37. 쉽게 포기하는 사람과 끈질기게 노력하는 사람은 왜 다를까

아이에게 해결할 수 없는 문제를 주면 어떻게 될까? 잠시 노력하다가 당연히 포기할 것이다. 이런 경험을 연달아 몇 번 하는 경우, 노력하는 행동이 문제 해결의 실패라는 처벌을 가져오므로 노력 행동은 감소하게 되고, 그 결과 이 아이는 쉽게 단념하는 사람이 되기 쉽다. 반면에, 어렵긴 하지만 더 열심히 노력하면 해결할 수 있는 문제를 받고서 그것을 해결한 경험이 있는 아이는 노력 행동이 강화를 받게 되고 따라서 당연히 증가한다. 어려운 문제를 매번은 아니더라도 적어도 가끔은 해결함으로써 강화를 불규칙하게 받게 되면(이것은 전형적인 변동비율계획이다) 그런 아이는 인생의 난관에도 단념하지 않고 끈질기게 노력하는 사람이 될 수 있다. 이는 당연한 이야기처럼 들리겠지만, 단순한 추측이나 일화적 증거를 넘어서는 실험 증거를 살펴보자.

왕복 상자(shuttle box)는 도피/회피 반응을 학습시키는 데 사용하는 [그림 2-7]과 같은 실험 기구다. 기다란 직육면체 상자가 똑같은 크기의 두 칸으로 나누어져 있고, 두 칸 사이에는 동물이 뛰어넘을 수 있는 칸막이가 있어서 장벽 역할을 한다. 바닥은 나란히 설치된 여

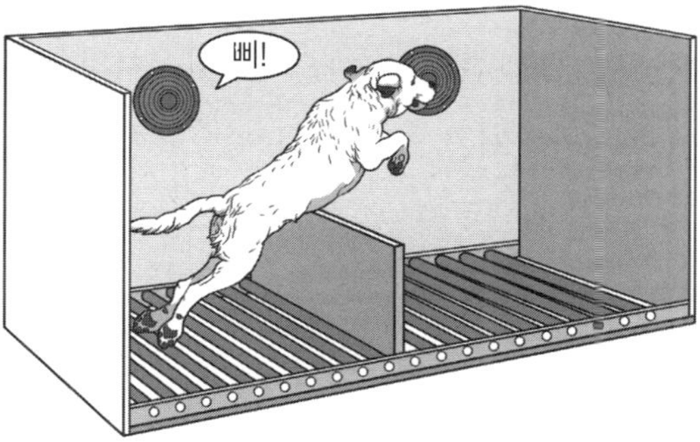

그림 2-7 **왕복 상자**

개를 대상으로 능동 회피 학습을 연구하기 위한 왕복 상자의 한 예

출처: Solomon & Wynne (1953).

러 개의 쇠막대로 이루어져 있어서 거기다 전류를 흘려 동물에게 전기충격을 줄 수 있다. 개를 왕복 상자의 한쪽 칸에 넣고서는 소리를 켜 주고, 예컨대 10초 후에 그 칸에만 전기충격을 준다. 그러면 개는 전기충격을 받으며 잠시 헤매다가 곧 장벽을 뛰어넘어 다른 칸으로 간다. 그러면 소리와 전기충격이 모두 검춘다. 이렇게 혐오 자극을 받고서 그로부터 벗어나는 것을 **도피**(escape)라 한다. 몇 분 후에 개가 현재 있는 칸에 또 소리를 켜 주고 10초 후에 전기충격을 준다. 그러면 개는 앞서와 같이 도피 반응을 보인다. 이렇게 여러 시행을 거치다 보면 개는 소리가 전기충격을 예고한다는 것을 학습하게 된다. 계속 도피 반응을 하던 개는 어느 시점에서는 전기충격이 주어지기 전에 다른 칸으로 넘어가서 전기충격을 아예 받지 않게 된다. 이처럼 혐오 자극이 제시되기 전에 미리 도망가서 혐오 자극의 제시 자체를 방지하는 것을 **회피**(avoidance)라 한다. 학습이 진행되면서 도피 반응이 점점 줄어들고 회피 반응이 많아지는데, 그러다가 나중에는 주로 회피 반응만 나오게 된다. 이것은 도피 또는 회피 반응이 전기충격의 제거 또는 방지라는 결과로 부적 강화를 받는 조작적 조건형성 과제로서, 동물이 능동적으로 반응하기를 배우기 때문에 **능동 회피 학습**(active avoidance learning)이라 부른다.[13)]

이 과제를 실시하기 전에 동물에게 소리가 전기충격을 예고한다는 것을 미리 학습시키면 능동 회피 학습이 촉진될까? 도피 반응이 나올 때는 소리에 전기충격이 뒤따르는 고전적 조건형성이 실시되는 셈이다. 따라서 소리와 전기충격을 짝짓는 고전적 조건형성을 미리 시킨 후 능동 회피 학습 과제를 실시하면 도피 반응이 많이 나올 필요 없이 곧 회피 반응을 동물이 나타내지 않을까? 이런 가설을 검증한 연구(Overmier & Seligman, 1967; Seligman & Maier, 1967)에서는 먼저 개가 도망가지 못하도록 느슨하게 고정하고 소리와 전기충격을 짝지어 제시했다. 그다음 날 이 개를 왕복 상자의 한쪽 칸에 넣고서 소리를 들려주고 그 칸의 바닥을 통해 전기충격을 주었다. 일반적으로 왕복 상자 안의 개는 전기충격을 받으면 곧 장벽을 뛰어넘어 다른 칸으로 간다. 그리고 매번 전기충격을 받을 때마다

13) 짐작하겠지만 수동 회피 학습(passive avoidance learning) 과제도 있다. 왕복 상자와 비슷한 상자에서 밝은 불이 켜진 한쪽 칸에 쥐를 넣고서 두 칸 사이를 가르고 있는 문을 연다. 다른 쪽 칸은 어두운데, 쥐는 야행성이라서 자연스럽게 그 어두운 칸으로 들어가게 된다. 그러면 문을 닫고 전기충격을 0.5초 정도로 짧게 준다. 그다음 날 쥐를 밝은 칸에 다시 넣고서 문을 열어 주면, 어두운 칸에서 전기충격을 받았던 것을 기억하는 쥐는 거기로 들어가기를 망설이게 된다. 강한 전기충격을 사용하여 강한 기억이 만들어졌을수록 쥐가 어두운 칸으로 들어가는 반응 시간이 더 길어진다. 이 과제는 쥐가 어두운 칸으로 들어가지 않고 수동적으로 밝은 칸에 머물러야 하므로 수동 회피 학습이라 부른다.

개는 점점 더 빨리 장벽을 뛰어넘어 도피하다가 마침내 회피 반응을 하기 시작한다. 소리가 전기충격을 예고한다는 것을 미리 학습한 개는 맨 처음부터 회피 반응을 보일까? 실제 결과는 이와 정반대로 다음과 같이 놀라운 행동이 관찰되었다.

> 왕복 상자 안에서 전기충격을 받은 이 개의 최초 반응은 아무 학습도 하지 않은 개의 행동과 거의 동일했다. 즉, 약 30초간 미친 듯이 이리저리 뛰어다니는 것이었다. 그런데 그러다가 개는 움직이기를 멈추었고 놀랍게도 엎드려서 조용히 낑낑거렸다. 그렇게 1분이 지난 뒤 우리는 전기충격을 종료시켰다. 개는 장벽을 넘는 데 실패했고, 전기충격으로부터 도피하지 않았다. 다음 시행에서 개는 또 그렇게 행동했다. 즉, 처음에는 약간 저항을 하다가 몇 초 후에는 포기하고 전기충격을 수동적으로 받아들이는 것처럼 보였다. 모든 후속 시행에서 개는 도피하는 데 실패했다(Seligman, 1975).

이 개들은 놀라울 정도로 수동적이었다. 다른 칸으로 걸어가기만 하면 되도록 왕복 상자 안의 장벽을 제거해 보아도 개는 전기충격을 그저 견디면서 움직이지 않았다. 연구자가 직접 상자의 안전한 칸 쪽으로 가서 개를 불러 보아도 전혀 움직이려 하지 않았다. 심지어 상자의 안전한 칸에 햄을 놓아두어도 개는 전기충격을 견디면서 계속 같은 자리에 엎드려 있기만 했다.

왜 개가 그런 행동을 나타냈을까? 소리와 전기충격을 짝짓는 고전적 조건형성을 미리 경험하지 않은 개들은 당연히 이 학습을 잘한다. 그렇다면 고전적 조건형성 단계에서 소리가 전기충격을 예고

한다는 사실의 학습 외에 다른 어떤 일이 일어났음이 분명하다. 그것이 무엇일까? 연구자들은 천으로 만든 해먹에 네 개의 구멍을 뚫고 개의 네 다리를 거기에 넣어 발이 땅에 닿지 않도록 개를 살짝 매달아 둔 상태에서 고전적 조건형성을 실시했다. 따라서 이 개들은 아무리 발버둥 쳐도 주어지는 전기충격을 피할 수 없었다. 그렇다면 개들은 자신의 행동이 전기충격의 제시 여부와 아무 상관이 없다는 것을 배웠을 것이다. 연구자들의 의도는 고전적 조건형성을 시키는 것이었지만, 학습하는 개에게는 거기다가 자신의 행동이 아무 효과가 없다는 조작적 조건형성까지도 함께 일어났을 수 있다. 연구자들은 이와 같은 현상을 **학습된 무기력**(learned helplessness, 학습된 무력감)이라고 불렀다. 피할 수 없는 전기충격이 개에게 자신의 행동과 전기충격이 독립적이라는 것, 즉 **통제 불가능성**(incontrollability)을 가르쳤다고 보았기 때문이다. 개들은 아무것도 하지 않기, 즉 무기력해지기를 학습했다는 것이다.

이 현상이 인간에게도 나타날까? 대학생을 대상으로 전기충격 대신에 매우 시끄러운 소리를 혐오 자극으로 사용한 연구(Hiroto, 1974)에서 기본적으로 앞의 동물 연구에서와 같은 결과가 얻어졌다. 즉, 버튼을 눌러 그 소리를 중지시킬 수 있었던 집단은 후속되는 능동 회피 학습 과제를 잘 수행했다. 반면에 버튼 누르기가 시끄러운 소리의 중지와 상관없었던 집단은 능동 회피 반응을 잘 학습하지 못했다. 대학생을 대상으로 한 또 다른 연구(Hiroto & Seligman, 1975)에서는 조작적 학습 과제뿐 아니라 인지적 과제도 사용했다. 자신의 행동이 혐오 자극의 제시와 상관없음을 경험하거나 해결할 수 없는 변별학습 과제를 받았던 대학생들은 이후에 능동 회피 반응을 잘 학습하지 못했고, 해결 가능한 다른 인지적 과제도 잘 해결하지 못했다. 이 연구는 통제 불가능성을 학습하게 되면, 이후에 어떤 과제에서든지 심각한 수동적 태도가 나타날 수 있음을 시사한다. 이러한 학습된 무기력은 쥐, 고양이, 물고기 등 다른 종에서도 확인되었다.

무기력이 성격 특징일 수 있겠지만 방금 살펴본 바와 같이 학습될 수도 있다면, 무기력을 예방하는 학습도 가능할까? 통제 가능성(controllability)을 먼저 학습하면, 통제 불가능한 상황에서도 쉽게 포기하지 않고 끈질기게 노력하게 될까? 한 연구는 왕복 상자에서 개들에게 열 번의 도피 시행을 먼저 경험시킨 후에 고전적 조건형성을 실시하여 피할 수 없는 전기충격을 받게 했다(Seligman & Maier, 1967). 그러고는 왕복 상자에서 다시 검사하자 이 개들은 쉽사리 장벽을 뛰어넘었다. 이 결과는 왕복 상자에서 도피 반응을 먼저 학습하는 단계 없이 고전적 조건형성을 실시한 처음의 연구들에서 개들이 학습된 무기력을 보였다는 결과와 선명하게 대비되는 것이다.

다른 연구에서 어떤 쥐들은 레버를 눌러서 전기충격 피하기를 학습했고 다른 쥐들은 피할 수 없는 전기충격을 받았다(Volpicelli et al., 1983). 그런 다음, 이 쥐들은 왕복 상자에서 검사를 받았다. 그런데 앞선 연구들과 달리 이번에는 왕복 상자의 어느 칸으로 가더라도 전기충격이 주어졌다. 그렇게 한 이유는 전기충격을 피하려는 노력이 아무 소용이 없을 때도 쥐가 계속 도피하려고 노력할 것인지 알아보기 위해서였다. 사전에 전기충격을 받은 적이 없는 쥐들은 처음에 한쪽에서 다른 쪽으로 선뜻 넘어갔지만, 그런 도피 반응은 시간이 지나면서 급격하게 감소했다. 피할 수 없는 전기충격을 받았던 쥐들은 도피 반응이 훨씬 더 적었다. 그러나 레버를 눌러서 전기충격을 피하는 훈련을 받았던 쥐들은 200시행 동안이나 도피 반응을 끊임없이 지속했다. 전기충격 피하기를 먼저 학습한 이 쥐들은 통제 불가능한 상황에서도 포기하지 않는 것처럼 보였다. 이 연구자들은 이렇게 무기력을 예방하는 절차를 '**면역 훈련**(immunization training)'이라 불렀다.

거의 똑같은 현상이 사람에게서도 입증되었다. 역경 앞에서도 고도의 노력과 끈기를 나타내는 데에 강화를 주면 어려운 과제를 오랫동안 열심히 하는 경향이 증가한다(Eisenberger, 1992; Eisenberger & Cameron, 1996). 이는 사람들에게 포기하지 않는 훈련을 시키는 것이라고 할 수 있는데, 이를 **학습된 근면성**(learned industriousness)이라고 부른다.

쉽게 단념하는 사람과 포기할 줄 모르는 사람 간의 차이는 타고난 성격 탓일 수 있다. 그렇다고 할 때 쉽게 포기하는 아이가 아무 어려움도 극복하지 못하여 독립적인 인간으로 성장하지 못할 것 같다면 성격 탓을 하면서 그냥 둘 것인가? 부모와 교사는 아마도 아이의 '성격을 고치기' 위해 노력할 것이다. 성격을 어떻게 고칠 수 있을까? 29장에서 잠시 살펴본 대로 성격이 많은 행동으로부터 추론해 낸 추상적인 개념이라면, 성격을 고치려면 구체적인 행동 하나하나를 고쳐 나가야 한다. 그러한 행동의 변화는 곧 학습심리학적 원리들에 따라 일어난다. 쉽게 포기하는 사람과 끈질기게 노력하는 사람의 차이는 대체로 학습 내력의 문제인 것으로 보인다. 경험(주로 강화 내력)은 우리에게 포기할지 아니면 분투할지, 구름을 꿇을지 아니면 계속 싸울지를 가르친다. 고도의 노력과 끈기에 강화를 주는 것이 불굴의 의지를 지닌 인간을 만들어 낸다.

제3부

처벌

지금까지 강화에 대한 이야기를 했으므로 이제는 처벌을 살펴볼 때가 되었다. 강화뿐 아니라 처벌도 역시 조작적 학습의 한 유형이다. 독자 중에서 지금까지 살아오면서 벌을 한 번도 받지 않은 사람은 없을 것이다. 또한 우리가 앞으로 죽을 때까지 누군가에게 벌을 한 번도 주지 않기는 힘들다. 사실상 일상생활에서 사람들은 처벌을 흔히 사용하는데도 처벌의 효과나 사용법에 대해 공식적으로 배운 적이 있는 사람은 거의 없을 것이다. 따라서 즐거운 주제는 아니지만 처벌로 인해 불행한 일이 일어나는 것을 막기 위해서 우리가 처벌에 관하여 꼭 배워 두어야 할 것들을 살펴본다.

38. 우리는 처벌을 효과적으로 사용하고 있을까

2020년에 발생한 '창녕 아동학대 사건'에서는 사건 당사자인 어머니가 맘카페에 올린 글에 친딸을 '처음 잘못했을 때 종아리 회초리로 10대 시작해서 100대까지 때렸다.'는 이야기가 나온다. 여기서 사람들이 처벌을 어떻게 잘못 사용하고 있는가가 잘 드러난다. 회초리를 사용한 체벌은 물론 현재 사회적으로 받아들여지지 않는 잘못된 방식이지만, 그보다 더 중요한 문제는 10대 때려서 효과가 없으니까 100대까지 점점 더 많이 때리게 되었다는 점이다. 학습심리학적 관점에서는 어떤 자극을 처벌물로 제시했는데 행동에 변화가 일어나지 않는다는 것은 그 자극이 처벌물로는 효과가 없다는 말이다. 그럴 경우 두 가지 선택지가 있다. 하나는 그 처벌물의 강도를 높이는 것이고 다른 하나는 그것을 버리고 다른 자극을 처벌물로 사용하는 것이다. 여기서 사람들이 흔히 하는 선택은 '누가 이기나 해 보자.'라면서 처벌물의 강도를 높이는 것이다. 애초에 처벌물로 사용한 자극의 강도가 너무 약해서 별로 고통스럽지 않을 정도라면 강도를 높이는 것이 합리적인 방법일 수 있다. 그러나 회초리 한 대가 고통을 초래하기에 충분하다면, 그것은 이제 자극 강도의 문제가 아니게 된다. 그래서 10대를 때려도 100대를 때려도 행동의 변화가 없다면 처벌은 여전히 일어나지 않은 것이다. 그러면 무슨 일이 일어난 것일까? 이것이 바로 학대다. 처벌하려는 '의도'와는 상관없이, 행동이 감소하지 않는다면 처벌은 일어난 게 아니다. 그 어머니는 친딸을 학대했을 뿐이다.

이 예처럼 처벌물의 강도를 점차로 높여 갈 때 생기는 문제는 처벌받은 개체에게서 처벌에 대한 내성이 생긴다는 것이다. 그래서 처음부터 사용했더라면 명확한 효과를 낼 수 있었을 강도의 처벌물이, 약한 강도부터 점차로 높여 가서 그 강도에 다다랐을 때는 효과를 내지 못할 수 있다. 이를 입증하는 연구를 하나 살펴보자. 쥐가 직선 주로(走路, straight alley)의 출발 상자에서부터 죽 달려서 목표 상자에 도달하면 먹이를 먹을 수 있게 하였다. 쥐가 먹이 접시에 입을 대면, 쥐의 발바닥에 약한 전기충격을 주기[1] 시작하여 매일 전기충격의 강도를 서서히 높여 갔다. 그 결과, 처음부터 사용했더라면 목표 상자로 달려가는 행동을 완전히 억압했을 만큼 강한 전기충격을 이 쥐들은 견뎌 낼 수 있었다(Miller, 1960). 따라서 처벌을 사용하려면 처음부터 효과적인 수준의 처벌을 하는 것이 극히 중요하다. 그러나 인간 사회에서는 이러한 원칙이 지켜지지 않는 경우가 많다. 부모는 아이가 처음 잘못했을 때 무서운 표정을 짓고, 두 번째로 잘못했을 때는 꾸중을 하고, 세 번째로 잘못했을 때는 소리를 지르고, 네 번째로 잘못했을 때는 때리고, 다섯 번째로 잘못했을 때는 더 세

1) 피부를 통해 전류가 흘러야 전기충격을 받을 수 있는데, 쥐의 몸은 대부분 털로 덮여 있어서 피부가 드러나 있는 부분인 발바닥이나 꼬리를 통해서 전기충격을 준다.

게 때리게 된다. 판사도 기본적으로 똑같은 일을 할 때가 많다. 음주 운전을 한 사람이 처음에는 경고만 받고 풀려나고, 두 번째는 소액의 벌금을 내고, 세 번째는 몇 달간 면허를 정지당하고 하는 식으로 진행될 수 있다. 이는 마치 우리가 처벌 수준을 점차 높임으로써 사람의 내성을 증가시키려고 하는 것과 같다.

그런데 어떤 수준의 처벌이 처음부터 효과적일까? 부모나 교사처럼 처벌받을 아이의 특성(예: 얼마나 민감한 아이인가)을 잘 아는 경우가 아니라면 실제로 처벌을 시행하기 전에 적절한 수준을 알기는 힘들다. 예를 들면, 이스라엘의 한 보육원에서는 부모가 아이를 늦게 데려가는 일이 때때로 있었다(Levitt & Dubner, 2005). 그러면 교사들이 아이들을 그만큼 늦게까지 돌보아야 하는 문제가 생겼다. 따라서 보육원은 부모가 10분 이상 늦으면 3달러씩 벌금을 물리기로 했다. 그 결과 어떤 일이 일어났을까? 오히려 부모들이 늦는 경우가 더 많아져서 이전의 두 배로 증가했다![2] 왜 그랬을까? 최초의 처벌물이 너무 약했기 때문이다. 부모의 입장에서는 늦어도 3달러만 내면 되니까 그 시간에 다른 일을 하는 게 더 나았을 수 있다. 벌금이 얼마였어야 효과가 있었을까? 이런 것을 확실하게 미리 알기는 불가능하다.

2) 강화와 처벌의 정의에 따르면, 3달러의 '벌금'은 부모들의 지각 행동을 증가시켰으므로 처벌물이 아니라 사실상 강화물로 작용했다.

39. 처벌을 어떻게 해야 효과적일까

살면서 처벌을 한 번도 받지 않았거나 한 번도 사용하지 않는 사람은 사실상 없을 것이다. 부모든 교사든 직장 상사든 친구든 언젠가는 자식에게, 학생에게, 부하 직원에게, 친구에게 처벌을 사용하게 된다. 그런데 우리가 처벌을 어떻게 사용해야 효과적인지를 제대로 배운 적이 있을까? 우리는 대부분 처벌의 효과적인 사용법을 모르는 사람에게 처벌을 받으면서 그의 처벌 방식을 배웠을 것이다. 처벌은 이를 받는 사람에게 좋지 못한 사건이 일어나는 것이므로 다음 장(40장)에서 보듯이 다양한 부작용을 일으킨다. 따라서 처벌은 최소한으로 사용하는 것이 좋다. 어떤 원칙을 따라야 부작용을 줄이고 효과를 높일 수 있을지 살펴보자.

◆ 처벌은 특정 행동에 대해서 주어야 한다

무엇보다 중요한 것은 처벌이 어떤 개체가 아니라 그 개체가 한 특정 행동에 대해서 주어져야 한다는 점이다. 이를 잘 알고 있는 사람은 많지 않다. 저자가 보기에 지금까지 한국에서 시행되어 온 처벌의 최악의 문제점은 행동이 아니라 사람에 대해, 처벌이 아닌 모욕이 주어진다는 점일 것이다. 자식이 무언가를 잘못했을 때 부모는 너는 애가 왜 그러냐는 둥, 나중에 뭐가 되겠냐는 둥, 누구를 닮아서 그러냐는 둥 자식의 인격 전체에 대해서 두루뭉술하게 처벌하는 경우가 적지 않다. 자식의 입장에서는 어떤 한 가지 행동을 잘못했을 뿐인데 자신이라는 사람 전체가 처벌을 받는다. 이런 식의 처벌은 자식에게서 반발심을 불러일으켜 오히려 부모가 원하는 행동 변화가 일어나는 것을 방해할 수도 있다. 이런 식의 처벌(이라기보다 사실은 모욕)을 받는 사람은 자신이 했던 다른 좋은 행동은 싹 무시되고 잘못한 행동 하나 때문에 자기라는 사람 전체가 벌을 받은 것에 대해 억울하게 느낄 수 있다. 이처럼 잘못된 행동이 아니라 그 행동을 한 주체를 처벌하면 처벌의 효과가 떨어지기 마련이다.

이는 강화의 경우에도 마찬가지다. 좋은 행동에 대해서 칭찬이나 상을 받은 사람은 자신 전체가 훌륭한 것처럼 우쭐대는 마음이 들 수 있고, 심하면 이것이 자만심으로 이어질 수도 있다. 앞서 이야기했듯이 학습심리학에서 모든 이야기의 중심은 개체가 아니라 개체가 하는 행동이다. 따라서 처벌을 할 때든 강화를 할 때든 사람이 아니라 그 사람의 어떠한 특정 행동이 어떠한 이유로 처벌 또는 강화를 받는지를 명확히 해야 한다.

◆ 처벌은 일관성 있게 주어야 한다

처벌이 행동을 얼마나 약화하는지는 처벌물이 그 행동에 얼마나 일관성 있게 뒤따르는가에 따라 결정된다. 아이가 바람직하지 않은 행동을 할 때마다 처벌을 받는다면, 그 행동은 대개 두세 번 만에 없어진다. 하지만 그런 행동을 부모가 어떨 때는 내버려두고, 어떨 때는 처벌하면 그 행동은 없어지기까지 훨씬 더 오래 걸리게 된다. 이는 당연한 이야기지만, 아이 기르기에 지친 부모는 아이가 하는 모든 행동에 일관성 있게 강화나 처벌을 주기가 쉽지 않다. 그 결과, 쉽게 없앨 수 있는 행동이 오래 지속되면서 부모를 괴롭힐 수 있다. 장기적으로 볼 때는 잠시의 피곤함을 이기고 두세 번의 일관성 있는 처벌을 사용하는 것이 더 유리하다.

처벌의 일관성이 얼마나 중요한지는 동물 연구에서 입증된다. 스키너 상자에서 먹이를 얻기 위해 레버 누르기를 하도록 훈련한 쥐들을 세 집단으로 나눈다. 첫째 집단에는 레버를 눌러도 먹이가 나오지 않는 소거 절차만 시행한다. 둘째 집단에는 그런 소거 절차를 시행하면서 쥐의 행동과는 상관없이 가끔 전기충격을 준다. 셋째 집단에는 소거 절차에 더해서 쥐가 레버를 누를 때마다 전기충격을 준다. 어느 집단이 가장 소거가 빨랐을까? 전기충격이 레버를 누를 때만 주어진 셋째 집단이 레버 누르기를 가장 먼저 멈추었다. 레버를 누르면 전기충격을 받기도 하고 안 받기도 했던, 그리고 레버를 안 눌러도 전기충격을 가끔 받았던 둘째 집단은 첫째 집단과 비슷한 속도의 소거를 나타냈다(Boe & Church, 1967).

◆ 가능한 한 즉각적으로 처벌해야 한다

퇴근해서 집에 와 보니 기르는 개가 신발 뒤축을 씹어서 망가트려 놓았다고 하자. 개에게 '너 왜 그랬어?' 하며 엄한 목소리로 처벌을 해 보았자 소용이 있을까? 아마도 몇 시간 전에 그런 사고를 쳤을 개는 주인이 왜 저러나 하고 어리둥절할 것이다. 행동과 처벌 간의 지연 시간이 길수록 당연히 처벌의 효과는 떨어진다. 이를 입증하는 동물 연구를 하나 살펴보자.

스키너 상자에서 쥐에게 레버를 눌러서 먹이를 받아먹는 행동을 확고하게 훈련한다. 그러고 나서 이제는 레버를 누르면 항상 먹이가 나오지만, 가끔씩 전기충격도 주어지게 했다. 첫째 집단은 레버를 누르자마자 즉시 전기충격을 받았고, 둘째 집단은 레버를 누른 2초 후에 전기충격을 받았으며, 셋째 집단은 30초 후에 전기충격을 받았다. 어느 집단에서 레버 누르기가 제일 빨리 멈추었을까? 당연히 즉각적인 전기충격을 받은 첫째 집단이다. 둘째 집단은 레버 누르기 비율이 많이 낮아진 상태로 유지되었고, 셋째 집단은 처벌의 효과가 별로 없었다(Abramowitz & O'Leary, 1990). 즉, 셋째 집단은 레버를 누르면 먹이가 즉시 나오므로 30초 후에 전기충격이 주어짐에도 불구하고 약간 비율이 낮아지기는 했어도 레버 누르기를 계속했다.[3)]

3) 2초든 30초든 어쨌거나 전기충격을 받는데도 왜 레버 누르기를 계속하는지 의아하다면, 이 쥐들은 배고픈 상태이기 때문이라고 답할 수 있다. 먹이를 강화물로 사용하는 실험에서 대개 동물의 체중을 평소의 85%로 유지한다.

지연된 처벌의 문제점을 잘 볼 수 있는 예는 뇌물을 받는 행동(수뢰 행동)이다. 뇌물을 받은 후 대개 언제쯤 처벌이 주어질까? 재판에서 유죄 선고가 내려지기까지를 따진다면, 수뢰 행동 후 처벌이 주어질 때까지 몇 년이 걸릴 수도 있다. 그사이에 뇌물을 받은 사람은 잘 먹고 잘 살 수 있는데, 이는 수뢰 행동이 강화를 받는 것이다. 만약 손안에 뇌물이 들어오자마자 전기충격이 주어진다면 어떨까? 비현실적인 상상이긴 하지만 그런 즉각적 처벌의 효과는 너무나 확실할 것이다.

아이와 함께 장을 보러 나온 엄마가 말을 안 듣는 아이에게 "나중에 집에 가서 봐!"라고 위협하는 경우가 흔히 있다. 수업 중에 잘못을 한 학생에게 방과 후에 남으라고 교사가 말할 때도 많다. 두 경우 모두 처벌은 몇 시간이나 지난 후에 주어지기 때문에 효과가 떨어진다.

◆ 처음부터 충분히 효과적인 강도의 처벌물을 사용해야 한다

이는 앞장에서 비교적 자세히 다루었던 이야기다. 특히 부모가 어린아이를 처벌할 때는 그 처벌이 흔히 하는 말로 '눈물이 쏙 빠질 만큼' 충분히 괴롭다고 느껴질 수준을 잘 선택해야 한다. 적절한 수준의 처벌을 받은 행동은 신속하게 사라진다. 아이들마다 기질이 달라서 어떤 아이는 훨씬 더 약한 강도의 처벌물로도 행동 변화가 가능하다. 따라서 부모는 자기 아이의 성향이나 민감성을 고려하여 처벌의 수준을 세심하게 결정해야 한다.

◆ 단호한 자세로 처벌을 해야 한다

처벌을 받는 아이가 불쌍해서 부모는 처벌을 하면서도 아이를 부드럽게 대하기 쉽다. 이는 아이에게 이중적인 메시지를 주어 처벌의 효과를 떨어뜨린다. 잘못한 행동에 대해 부모가 말로는 꾸중을 하면서, 아이가 두려워할 다른 어떠한 자극도 주지 않고 오히려 불쌍해하는 모습을 보인다고 하자. 그러면 '자애로운' 부모의 모습을 보여 줄 수는 있을 테지만 아이는 자신의 잘못된 행동이 크게 처벌을 받는다고 느끼지 않을 것이고 따라서 무엇을 잘못했는지 학습하기 힘들다. 아이가 '내가 뭔가를 잘못해도 부모님은 날 사랑해.'라는 믿음을 가질 필요는 분명히 있지만 또한 '내가 무얼 하더라도 처벌받지 않아.'라는 믿음을 가져서는 안 된다. 부모가 자신을 사랑하지만, 현재 처벌받고 있는 행동은 해서는 안될 것임을 아이가 학습할 수 있도록 부모는 단호한 태도로 처벌을 해야 한다. 항상 자애로운 부모가 좋은 게 아니라 엄해야 할 때는 엄할 수 있는 부모가 자식에게는 필요하다. 그렇지 않은 부모는 결국 자식에게 휘둘리게 되기 쉽다.

바람직하지 못한 행동에 대해 즉각적으로 일관성 있고 단호한 태도로 적절한 수준의 처벌을 하면 대부분 두세 번 만에 그 행동은 사라진다. 처벌의 효과는 신속하고 강력해서 이렇게 하는데도 끈질기게 지속되는 행동은 찾아보기 힘들다.

◆ 처벌받을 행동에 대한 강화물을 제거해야 한다

방금 이야기한 방식대로 처벌을 주었는데도 쉽게 사라지지 않는 행동이 있을 수 있다. 그런 경우는 거의 반드시 그 행동을 유지시키는 강화물이 있고 그것이 처벌물의 효과를 능가하기 때문이다.

사람들이 지속적으로 하는 행동에는 반드시 그에 뒤따르는 강화물이 있다고 보아야 한다. 앞서 '조작적 조건형성도 무의식적으로 일어날까'(30장)에서 언급했던 사람들 사이의 대화를 다시 예로 들어 보자. 내가 어떤 주제를 꺼내어 말하기 시작하면 다른 이들의 반응은 세 가지로 나뉜다. 호응하면서 관련된 이야기를 이어 가거나, 재미없는 이야기 그만하라고 말하면서 다른 주제를 꺼내거나, 아무 반응도 하지 않고 있다가 자기 휴대전화를 들여다보기 시작한다. 첫째와 둘째 경우는 내 이야기가 각각 강화나 처벌을 받은 것이고, 따라서 그 주제의 이야기는 계속되거나 없어질 것이다. 마지막 경우는 내 행동에 대해서 아무 결과도 뒤따르지 않는 것이다. 나는 말하다가 어색해져서 슬그머니 그 주제를 접고 말 것이다. 이 예는 좋든 나쁘든 아무 결과도 뒤따르지 않는 행동은 결국 사라지고 만다는 것을 보여 준다. 그런 행동은 시간 낭비이자 에너지 낭비일 뿐이어서 더 계속할 이유가 없으며, 이를 지속하는 동물은 진화상 일찌감치 도태되었을 것이다. 약간 다른 예로, 비속어 말하기를 들 수 있다. 어떤 중학생이 욕설을 입에 달고 다닌다고 하자. 주변의 어른들은 모두 이를 싫어해서 이 아이가 욕설을 하면 꾸중을 하는데도 아이는 그때만 잠깐 욕설을 멈출 뿐 금방 다시 시작한다. 왜 그럴까? 욕설을 거리낌 없이 하는 행동이 친구들의 관심을 끈다면 이 관심이 강화물로 작용하기 때문이다. 즉, 똑같은 행동이 한 집단에서는 처벌을 받아도 다른 집단에서는 강화를 받는다면 그 행동은 없어지지 않고 지속될 수 있다.

요약하면, 바람직하지 않아서 처벌을 받는데도 불구하고 없어지지 않는 행동은 처벌의 효과를 능가하는 강력한 강화물이 뒤따르기 때문이다. 그리고 그 강화물은 명백하게 보이는 것이 아닐 경우가 많아서 사람들은 왜 처벌을 받아도 행동이 변하지 않는지 의아해하기 쉽다. 수업 중에 떠들거나 일어나서 교실을 돌아다니는 초등학생 A를 예로 들어 보자. 이 아이는 공부든 운동이든 미술이든 음악이든 이야기든 잘하는 게 하나도 없어서 평소에 아무한테도 큰 관심을 못 받는다고 하자. 그런데 수업 중에 일어나서 돌아다니거나 떠들면 교사의 꾸중을 받지만 이와 동시에 다른 아이들의 관심도 집중된다. 교사의 명령에 A가 조용히 앉아 있다가도 시간이 좀 지나자 또 똑같은 행동을 한다면 꾸중이라는 처벌은 잠깐만 효과를 내고 말았을 뿐이다. 좋은 이유로든 나쁜 이유로든 사람들의 관심을 받는 것은 그런 처벌의 효과를 무력화시킬 만큼 강력한 강화물이다. 하지만 관심은 음식이나 돈처럼 손으로 만질 수 있는 물체가 아니기 때문에 사람들이 강화물로 인식하지 못하는 경우가 많다. 따라서 바람직하지 않은 행동이 처벌에도 불구하고 지속된다면, 그 행동에 대해 주어지는 '숨겨진' 강화물이 무엇인지 먼저 찾아내어 제거할 필요가 있다. 그 행동을 해도 그 강화물을 더 이상 받지 못하게 만들지 않는 한, 처벌은 별다른 효과를 내기 힘들다.

그러면 찾아낸 강화물을 어떻게 제거할까? 특히 그 강화물이 이 예에서처럼 물체가 아니라면? A의 행동에 대한 강화물이 다른 아이들의 관심이라면, 그 관심을 제거하면 된다. 예컨대, 교사가 학급의 아이들에게 A가 일어나서 돌아다니더라도 쳐다보지 말라고 하거나 A가 수업 중에 말을 걸어도 아무도 대꾸하지 말라고 이야기할 수 있다. 그리고 교사 스스로도 A의 그런 행동을 무시한다. 이는 곧 A의 그런 행동에 뒤따르던 강화물이 이제부터는 주어지지 않는 소거 절차를 실시하는 것이다. 그러면 십중팔구 A는 그런 행동을 두세 번 더 하다가 중지하게 된다.

한편, 바람직하지 않은 행동에 주어지는 강화물을 이길 만큼 처벌을 더 강력하게 할 수도 있다. 그러나 앞으로 40장에서 보겠지만 처벌에는 많은 부작용이 따르기 때문에 강화물을 그대로 두고 처벌만 더 세게 하는 것은 그리 좋은 방법이 아니다.

◆ 강화물을 얻는 다른 방법을 알려 주어야 한다

바람직하지는 않더라도 어쨌든 강화물을 가져왔던 행동이 더 이상 강화물을 가져오지 못한다면, 그 행동을 하던 사람은 이제 어떻게 해야 할까? 앞의 A라는 아이는 이제 어떻게 해야 다른 아이들의 관심을 받을 수 있을까? 처벌은 특정 행동을 하면 안 된다는 것만 알려 줄 뿐, 어떤 행동을 해야 좋은지는 알려 주지 않는다. 따라서 처벌을 할 때는 처벌받는 행동 대신에 강화를 받을 수 있는 다른 행동을 명확히 알려 주는 것이 좋다. 예컨대, 교사는 A가 얌전히 앉아서 수업에 잘 참여하고 있다면 그 행동을 칭찬할 수 있다. 즉, 문제를 일으키지 않는 행동에 강화를 줌으로써 문제 행동을 상대적으로 감소시킬 수 있다. 바람직하지 않은 행동을 처벌할 때는 그 행동을 유지해 온 강화물을 얻을 수 있는 대안적 수단을 반드시 제공해야 한다. 그렇게 해야 처벌의 효율성이 높아지며, 결국에는 처벌이 필요 없게 될 수 있다.

부모든 교사든 자식이나 학생이 말썽을 피우지 않으면, 그것이 당연하고 정상적인 것으로 생각하고 강화도 처벌도 하지 않고 내버려두기 마련이다. 그렇게 되면 특별히 잘하는 것이 없는 아이들은 강화를 받을 기회가 거의 없는 환경에 놓이게 된다. 따라서 교사는 가끔 학생들의 평범한 행동을 칭찬할 필요가 있다. 더 좋기로는, 예컨대 A처럼 잘하는 것이 없다고 생각되던 아이들에게서 무언가 잘하는 것을 계발해 내어 강화를 받을 기회를 열어 주는 것이다. 교육이란 것이 누가 누가 잘하나를 따져서 학생들을 일렬로 줄 세우는 게 아니라 각 학생이 가진 숨겨진 재능과 특성을 발견하여 꽃피우도록 돕는 것이어야 하지 않을까?

40. 처벌의 부작용은 무엇일까

알다시피 처벌은 혐오 자극을 제시하거나 좋은 자극을 제거하여 특정 행동을 감소시키는 절차다. 즉, 처벌 대상에게 좋지 않은 일이 일어나는 것이다. 따라서 처벌은 다음과 같은 여러 가지 문제를 일으킬 수 있다.

◆ 처벌로부터 도망가 버릴 수 있다

교사에게서 심한 야단을 맞을 것 같은 학생은 그다음 날 학교를 빼먹을 수 있다. 부모가 매를 들면 아이는 부모의 손에서 벗어나려고 몸부림치거나 미리 도망가 버릴 수 있다. 영업 성적이 나쁘다고 상사에게 질타받은 사원은 거짓말을 해서 더 이상의 처벌을 피할 수 있다.

처벌을 피하려는 행동은 동물에게서도 당연히 나타난다. 스키너 상자에서 쥐가 레버를 누르면 먹이와 전기충격을 동시에 받게 한 실험이 있다(Azrin & Holz, 1966). 전기충격은 쇠막대로 이루어진 바닥을 통해서 주어졌는데, 어떤 쥐들은 등을 대고 누워서 레버 누르는 법을 스스로 터득했다. 쥐의 털이 절연 물질로 작용해서 전기충격을 피할 수 있었기 때문이다.

거짓말을 하거나, 변명하거나, 아양을 떨거나, 울거나, 후회하는 모습을 보임으로써 처벌을 피할 수 있게 되면 그런 행동이 강화를 받는 셈이다. 따라서 처벌을 자주 사용할 때 흔히 생기는 한 가지 결과는 사람들이 그런 도피/회피 전술에 아주 능숙해진다는 것이다. 이처럼 학습자가 처벌을 피한다면 더 이상의 학습이 불가능해지고, 따라서 감소시키려는 행동이 그대로 유지되는 결과가 생길 수 있다.

◆ 공격성이 나타날 수 있다

처벌받는 사람은 도망을 가서 처벌을 피할 수도 있지만 처벌자를 공격함으로써 처벌을 끝낼 수도 있다. 안타까운 예이지만, 교사에게 꾸중을 듣던 학생이 교사를 공격하거나, 부모에게 야단을 맞던 자식이 부모를 공격하는 일이 일어난다.[4] 처벌자에 대한 공격은 특히 처벌로부터 도피할 수 없는 상황에서 계속 처벌이 주어질 때 일어나기 쉽다. 그것이 처벌자를 통제하는 효과적인 방법이기 때문이다.

처벌이 유발하는 공격성이 항상 처벌자에게만 향하는 것은 아

4) 이런 일이 일어나는 원인의 하나로는 앞서 이야기한 대로 잘못된 행동에 대한 처벌뿐만 아니라, 그 행동을 한 사람 자체에게 모욕이 주어지기 때문일 수 있다. 그러면 반발심이 커지면서 공격성이 촉발될 수 있을 것이다.

니다. 쥐 두 마리를 한 상자에 넣고 그중 한 마리에게 전기충격을 주면 이 쥐는 옆에 있는 다른 쥐를 공격한다(Ulrich & Azrin, 1962; Ulrich, Hutchinson, & Azrin, 1965). 그 쥐가 자신이 받는 고통의 원인이 아닌데도 말이다. 전기충격을 받은 다람쥐원숭이는 옆에 있는 다른 동물(다람쥐원숭이, 쥐, 또는 생쥐)을 공격하고, 동물이 없으면 무생물을 공격하기까지 한다(Azrin, Hutchinson, & Sallery, 1964). 비슷한 현상이 사람에게서도 일어나는데, 이를 **전위된 공격성**(displaced aggression)이라 한다(Marcus-Newhall, Pedersen, Carlson, & Miller, 2000). 예컨대, 아빠가 큰아들을 때리면, 큰아들은 동생을 때리고, 동생은 강아지를 걷어찬다. 다른 동물처럼 인간도 모욕을 당하면 물건을 내던지거나 문을 쾅 닫는 등 무생물을 공격한다.

◆ 처벌받지 않을 행동까지 억압될 수 있다

도피나 공격이 가능하지 않을 때 처벌은 행동을 전반적으로 억압할 수 있다. T자형 미로에서 쥐가 먹이가 없는 가지길(왼쪽)을 선택하는 행동에 전기충격을 주어 처벌하면 먹이가 있는 다른 가지길(오른쪽)을 선택하기를 잘 학습할까? 아니다. 그런 상황에서 쥐들은 어느 쪽도 선택하지 않고 그냥 출발 상자에 머무르는 경향을 나타냈다(Warden & Aylesworth, 1927). 즉, 한 행동만 처벌했는데 처벌받지 않을 다른 행동까지 억압되는 경우가 많았다.

처벌이 자주 일어나는 상황은 많은 종류의 행동에 처벌이 뒤따른다는 말인데, 그럴 경우 사람은 처벌된 행동만이 아니라 다른 행동도 안 하게 되기 쉽다. 공부를 열심히 했지만 성적이 나쁘고, 교사에게 질문을 했더니 멍청하다는 답을 듣고, 아르바이트를 했는데 임금을 제대로 받지 못하고, 운동을 하다가 부상을 입고, 연애를 하려고 고백했더니 퇴짜를 맞는다고 하자. 이처럼 처벌이 다반사로 일어난다면, 그 결과 전반적인 침체 상태에 빠지는 것이 당연한 일일 것이다. 강력한 정적 강화물이 있어서 처벌과 균형을 이루지 않는 한, 아무것도 안 하는 것이 최선의 행동일 수도 있다.

앞서 이야기한 바와 같이 처벌은 어떤 행동을 하면 안 된다는 것만 알려 주지 무엇을 해야 좋을지는 알려 주지 않는다. 부모나 교사가 처벌을 주로 사용하면 자식이나 학생이 남이 시키는 일만 하는, 즉 처벌을 받지 않을 가능성이 높은 행동만 하는 수동적인 사람이 되기 마련이다. 어떤 행동을 해야 좋을지를 알려 주는 것은 무엇일까? 물론 강화다. 바로 앞에서 소개한 동물 연구(Warden & Aylesworth, 1927)에서 정답에 대한 강화와 오답에 대한 처벌을 모두 받은 집단이 정답에 대한 강화만 받은 집단이나 오답에 대한 처벌만 받은 집단보다 더 빠른 학습 속도를 보였다. 따라서 부작용이 적은 방식으로 처벌을 최소한으로 사용하면서 강화를 최대한 많이 주는 방식으로 교육하는 것이 원하는 행동 변화를 신속하게 일으키는 방법이자 능동적이고 자존감 높은 사람을 만들어 내는 좋은 방법이다.

◆ 학대가 일어날 수 있다

우리가 일상적으로 사용하는 처벌이라는 용어는 죄나 잘못이 있는 사람에게 벌을 주는 것을 가리킨다. 즉, 처벌이라는 말은 나쁜 행동에 대한 질책이라는 의미를 갖는다. 이런 정의에서는 처벌이 실제로 행동을 감소시키는지 아닌지는 크게 고려되지 않는다. 그러나 학습심리학에서는 행동이 감소하지 않는 한 처벌이 일어난 것이 아니다. 또한 그 행동이 좋은 것인지 나쁜 것인지는 상관이 없다. 좋은 행동도 어떤 이유로든 감소하면 처벌을 받은 것이다.[5)]

이런 관점에서는 38장에서 보았듯이 처벌 과정에서 처벌자에 의한 학대가 발생할 수 있다. 특히 체벌을 했는데 행동이 감소하지 않는다면 그 체벌은 이미 처벌로서의 효과는 없는 것이고 그것을 계속하는 것은 학대일 따름이다. 가정에서 일어나는 아동학대는 흔히 처벌이 통제 불가능해진 경우로 볼 수 있다. 처벌자는 의도했던 행동 감소가 일어나지 않는다면 처벌이 실패했다는 판단을 빨리 내리고 다른 방식의 처벌을 시도해야 한다.

◆ 처벌자를 모방할 수 있다

우리 대부분이 처벌의 효율적 사용에 대한 교육을 받은 적 없이

5) 이렇게 심리학 용어가 일상 용어와 약간 다른 의미를 갖는 경우, 새로운 용어를 만들어서 쓸 수도 있겠지만 그렇게 되면 너무 전문적인 용어가 되어 비전공자가 이해하기 힘들게 될 수 있다.

처벌을 사용한다. 어떻게 배우지도 않고 처벌을 사용할까? 처벌을 효과적으로 사용할 줄 모르는 사람에게서 처벌을 받은 경험을 토대로 그 처벌자를 모방한다고 보는 것이 타당할 것이다. 실제로 부모가 아이를 키우면서 처벌에 많이 의존하면, 그 아이도 자기 형제나 친구에게 처벌을 많이 사용한다(Bandura & Walters, 1959; Sears, Maccoby, & Levin, 1957). 그 아이가 성인이 되면 타인의 문제 행동에 대처하는 방법으로 처벌을 사용하기 쉽다.

이렇게 처벌의 부작용이 많은데도 사람들이 처벌을 많이 사용하는 이유가 무엇일까? 아마도 제일 큰 이유는 처벌의 효과가 바로 나타나기 때문일 것이다. 눈앞에서 거슬리는 행동을 하는 아이에게 꾸중을 하면 대개는 바로 그 행동이 없어진다. 처벌하는 사람의 입장에서는 처벌하는 자신의 행동이 즉각적으로 강화를 받게 된다. 혐오적인 자극(즉, 아이의 거슬리는 행동)이 제거되는 부적 강화가 여기서 작용하기 때문이다. 처벌자는 처벌하는 행동이 즉각적 강화를 받으므로 당연히 그런 행동을 더 많이 하게 된다. 그러나 장기적으로는 앞에서 본 부작용들이 처벌자에게 처벌물로 되돌아올 수 있다. 우리가 하는 행동의 결과는 하나가 아닌 경우가 많다. 특히 단기적 결과와 장기적 결과를 함께 고려하면 대부분의 행동은 둘 이상의 결과를 낳는다. 따라서 처벌을 하는 데는 자기 통제가 필요하다. 앞 장(39장)에서 본 효율적인 처벌 방법을 숙지하고, 이 장에서 본 부작용을 염두에 두고, 다음 장에서 볼 처벌의 대안을 사용할 수 없는지 생각한 후에, 처벌을 사용해야 한다면 감정을 배제하고 특정 행동에 대해서만 처벌을 해야 한다. 처벌을 이렇게 효율적으로 사용한다면 바람직하지 못한 행동은 대부분 두세 번 만에 사라질 것이다.

41. 처벌 대신에 사용할 수 있는 방법은 뭘까

처벌의 이러한 부작용 때문에 처벌을 사용하지 않고도 행동을 감소시키거나 제거할 수 있다면 좋을 것이다. 처벌의 대안으로는 어떤 것이 있는지 살펴보자.

◆ 반응 방지

부모는 어린아이에게 위험할 수 있는 물건들을 아이의 손이 닿지 않는 곳으로 치워 버린다. 이처럼 환경을 수정함으로써 특정 행동이 아예 일어날 수 없게 만드는 절차를 **반응 방지**(response prevention)라고 한다. 이 절차를 사용하면 특정 행동이 일어나지도 않으므로 처벌하는 것이 불가능하다. 뜨거운 난로에 손을 데지 않도록 난로 주위에 쇠창살을 두르는 것도 반응 방지의 한 예다. 자기 손을 물어뜯는 아이에게는 장갑을 끼게 해서 그런 자해 행동을 미리 방지할 수 있다.

◈ 소거

어떤 행동에 대한 강화물을 더 이상 주지 않으면 그 행동은 점차 사라지게 되는데, 이것이 조작적 조건형성에서의 소거다. 지속적으로 나오는 행동에는 뒤따르는 강화물이 반드시 있다고 하였다. 따라서 바람직하지 않은 행동을 소거하려면 그것을 유지하는 강화물을 먼저 찾아내야 한다. 예컨대, 어른의 관심이 아이에게는 대단히 큰 강화력을 갖는다(Hart, Allen, Buell, Harris, & Wolf, 1964). 그 관심은 앞서 보았듯이 아이에 따라 꾸중의 형태로 주어질 수도 있다.

소거에도 당연히 문제가 있다. 강화를 받다가 못 받게 된 행동은 잠시 증가하는데, 이를 **소거 격발**(extinction burst)이라 한다. 이 현상이 일어나자, 소거가 효과가 없다고 생각하고 멈추게 되면 없애려던 행동은 이전보다 더 강해지게 된다. 따라서 소거를 시작할 때는 소거 격발이 일어날 것을 예상해야 한다. 또한 소거가 시작되면 강화를 받던 행동이 강화를 더 이상 못 가져오게 되므로 공격성 등의 정서적 문제들이 발생할 수 있다. 예컨대, 자판기가 고장 나서 돈을 넣어도 아무것도 나오지 않게 되면 자판기를 걷어차는 행동이 나올 수 있다. 마지막으로, 소거시키려는 행동에 주어지는 모든 강화물을 우리가 통제할 수가 없을 때가 많다. 따라서 소거가 처벌의 한 대안이기는 하지만 최선의 방법은 아니다.

◆ 차별강화

반응 방지나 소거보다 훨씬 더 효과적인 대안이 **차별강화**(differential reinforcement)다. 이는 원치 않는 행동에 대한 무강화(non-reinforcement)와 어떤 다른 행동에 대한 강화를 조합하여 사용하는 절차다(Ferster & Skinner, 1957). 이 절차에는 여러 가지 형태가 있는데 그중 몇 가지만 살펴보자.

상반행동 차별강화(differential reinforcement of incompatible behavior)에서는 원치 않는 행동과는 상반된, 즉 양립 불가능한 행동을 강화한다. 상반행동의 예로는 앉기와 서기, 미소 짓기와 찡그리기 등을 들 수 있다. 두 행동이 동시에 일어날 수 없으므로 한 가지 행동을 강화하여 증가시키면, 다른 행동은 강화를 받지 못하여 저절로 감소한다. 수업 중에 교실 안을 돌아다니는 아이가 자리에 앉아 있을 때 칭찬을 해 주면 앉아 있는 시간이 늘어나면서 돌아다니는 시간은 자연히 줄어든다.

상반행동만 강화하는 게 아니라 원치 않는 행동 이외의 다른 모든 행동을 강화할 수도 있는데, 그런 절차를 **기타행동 차별강화**(differential reinforcement of other behavior)라 한다. 또는 원치 않는 행동에 대한 특정 대안적 행동을 강화할 수도 있는데, 이를 **대안행동 차별강화**(differential reinforcement of alternative behavior)라 한다.

어떤 행동은 하는 게 필요하지만 지나치게 많이 하지는 않는 게 좋을 수 있다. 이때는 행동을 완전히 제거하는 게 아니라 합리적인 수준으로 낮추어야 한다. 그럴 때 처벌을 통해 그 행동 비율을 낮추기보다 **저율 차별강화**(Differential Reinforcement of Low rate: DRL)를 사용하는 것이 이상적인 방법이다. 이 강화계획에서는 행동이 낮은 비율로 일어날 때만 강화가 주어진다. 예를 들어, DRL 5초 계획에서는 마지막 레버 누르기 후 5초가 지나고서 나오는 레버 누르기가 강화를 받는다. 5초가 지나기 전에 레버를 누르면 타이머가 재설정되고 그 때부터 다시 5초를 더 기다려야 한다. 따라서 정해진 간격이 끝나기 전에 반응을 할수록 강화는 더 지연된다. 그런데 5초가 지났는데도 레버를 누르지 않으면 강화는 주어지지 않는다. 그 결과 레버 누르기는 제거되는 게 아니라 낮은 비율로 나오도록 유지된다. DRL 5초 계획에서는 1분당 최대 12번 반응을 하여 강화를 받을 수 있다. 이러한 저율 차별강화에서는 반응 간 간격을 점차로 증가시킴으로써 극단적으로 낮은 반응 비율을 만들어 낼 수 있다.

저율 차별강화는 응용 장면에서 대단히 유용하다. 어떤 학생이 수업 시간에 질문을 너무 많이 해서 수업 진도에 방해가 될 뿐 아니라 다른 학생이 질문할 기회도 빼앗을 정도라고 하자. 질문하는 행동을 제거하는 것은 바람직하지 않다. 이때 그 학생이 마지막으로 질문한 후 10분이 지나기 전에는 다시 질문할 기회를 주지 않고 그 간격 사이에 또 질문을 하면 시간을 재설정할 수 있다. 그러면 이 학생의 질문하는 행동은 없어지는 게 아니라 낮은 비율로 유지될 것이다. 실제로 초등학교에서 교사가 7~8세 여자아이 세 명의 과도한 관심 추구 행동을 저율 차별강화를 사용하여 적절한 수준으로 감소시킨 연구 결과가 있다(Austin & Bevan, 2011; [그림 3-1] 참조).

차별강화는 원치 않는 행동의 강화를 최대한 제한할 때 제일 효과적이다. 그 문제 행동이 계속 평소처럼 강화를 받는다면 차별강화의 효과는 당연히 떨어지게 된다.

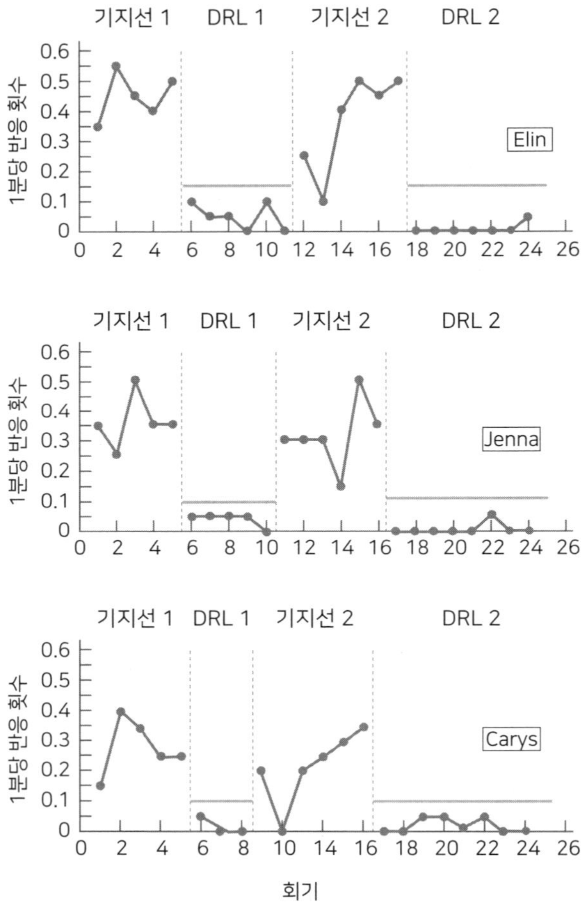

그림 3-1 **DRL을 이용하여 관심 추구 행동을 감소시키기**

교사가 학생들(Elin, Jenna, Carys)이 요구를 적게 하는 데에 강화를 주자 관심 추구 행동(손들기, 교사를 부르기, 각자 공부해야 할 때 자리에서 일어나 교사에게 가서 도움이나 인정을 요구하기)이 감소하였다. DRL 1과 2 동안의 수평선은 강화를 받을 수 있는 최대 빈도를 나타낸다.

출처: Austin & Bevan (2011).

42. 행동에 대한 학습심리학적 설명이란

선혈이 낭자한 영화 장면에 어떤 사람은 눈을 감아 버리지만 어떤 사람은 무덤덤하게 보고 있다. 왜 그런 차이가 날까? 한 사람은 피를 싫어하는 유약한 성격이고 다른 사람은 둔감하고 무딘 사람이어서 그럴 수 있다. 이는 사람이 그렇게 생겨 먹어서 그런다는 설명이다. 그런데 후자의 사람도 처음부터 그런 게 아니라 폭력적인 컴퓨터 게임을 많이 하다 보니 영화에서 피가 흐르는 장면 같은 건 아무것도 아니게 되었을 수 있다.

사람 행동의 원인에 대한 설명은 크게 두 가지로 나눌 수 있다. 하나는 그 사람이 그렇게 생겨 먹었기(그런 '성격'이기) 때문이라는 것인데, 이는 사람의 내부에서 원인을 찾으려는 설명이다. 다른 하나는 그 사람의 과거가 이러저러했기 때문이라는 것인데, 이는 사람의 외부, 즉 살아온 환경(에서 겪은 경험)에서 원인을 찾으려는 설명이며 이것이 곧 학습심리학적 관점이다. 어느 설명이 옳을까? 사람마다 입장이 다르겠지만, 인간 행동을 반드시 한 가지 관점에서만 설명해야 하는 것은 아니다. 여러 관점 또는 수준에서의 설명이 모두 통합될 때 인간 행동에 대한 설명은 그만큼 더 완전해진다.

학습심리학은 유기체가 해 온 경험, 즉 그의 주변 환경에서 일어났던 일에서 현재 행동의 원인을 찾기 때문에 그만큼 객관적인 설명을 한다. 더 나아가서 행동을 변화시키려면 주변 환경을 변화시킴으로써 다른 경험을 하게 만들면 된다는 처방을 내어놓는다. 예컨대, 금연을 하고 싶다면 그냥 금연하려는 의지에만 기대지 말고 금연을 할 수 있게 돕는 환경을 만들어야 한다. 담배 피우는 지인들을 멀리하고, 자신의 금연 결심을 공개하여 남들이 자신의 노력을 도울 수 있게 만들며, 그 약속을 깰 경우 무거운 처벌이 주어지게 하는 등의 환경 변화가 필요하다. 자신의 '성격'이 마음에 들지 않을 때, 마음에 들지 않는 '행동'을 하나씩 고쳐 나가 보라. 자신의 의지에만 기대지 말고 환경 변화의 도움을 받아서 말이다. 여러 행동을 하나씩 고쳐 나가다 보면 나중에는 자신의 성격이 '개조'되어 있게 될 것이다.

참고문헌

Abramowitz, A. J., & O'Leary, S. G. (1990). Effectiveness of delayed punishment in an applied setting. *Behavior Therapy, 21,* 231-239.

Abramowitz, A. J., OLeary, S. G., & Rosen, L. A. (1987). Reducing off-task behavior in the classroom: A comparison of encouragement and reprimands. *Journal of Abnormal Child Psychology, 15,* 153-163.

Austin, J. L., & Bevan, D. (2011). Using differential reinforcement of low rates to reduce children's requests for teacher attention. *Journal of Applied Behavior Analysis, 44,* 451-461.

Azrin, N. H., & Holz, W. C. (1966). Punishment. In W. K. Honig (Ed.), *Operant behavior: Areas of research and application* (pp. 380-447). New York: Appleton-Century-Crofts.

Azrin, N. H., Hutchinson, R. R., & Sallery, R. D. (1964). Pain-aggression toward inanimate objects. *Journal of the Experimental Analysis of Behavior, 7,* 223-228.

Bandura, A., & Walters, R. H. (1959). *Adolescent aggression.* New York: Ronald Press.

Benjamin, L. T., Jr. (2003). Behavioral science and the Nobel Prize: A history. *American Psychologist, 58,* 731-741.

Berkowitz, L., & LePage, A. (1967). Weapon as aggression-eliciting stimuli. *Journal of Personality and Social Psychology, 7*, 202-207.

Bernard, J., & Gilbert, R. W. (1941). The specificity of the effect of shock for error in maze learning with human subjects. *Journal of Experimental Psychology, 28*, 178-186.

Boe, E. E., & Church, R. M. (1967). Permanent effects of punishment during extinction. *Journal of Comparative and Physiological Psychology, 63*, 486-492.

Brogden, W. J. (1939). Sensory pre-conditioning. *Journal of Experimental Psychology, 25*, 323-332.

Brooks, A. D., Hale, B., Nelson, J. B., & Bouton, M. E. (1995). Reinstatement after counterconditioning. *Animal Learning and Behavior, 23*, 383-390.

Christopher, A. B. (1988). *Predisposition versus experiential models of compulsive gambling: An experimental analysis using pigeons.* Unpublished Ph.D. dissertation, West Virginia University, Morgantown, WV.

Clark, R. E., Manns, J. R., & Squire, L. R. (2001). Trace and delay eyeblink conditioning: Contrasting phenomena of declarative and nondeclarative memory. *Psychological Science, 12*, 304-308.

Clark, R. E., Manns, J. R., & Squire, L. R. (2002). Classical conditioning, awareness, and brain systems. *Trends in Cognitive Sciences, 6*, 524-531.

Crossman, E. K. (1991). Schedules of reinforcement. In W. Ishaq (Ed.), *Human behavior in today's world* (pp. 133-138). New York: Praeger.

De la Fuente, I. M., Bringas, C., Malaina, I. et al. (2019). Evidence of conditioned behavior in amoebae. *Nature Communications, 10*, 3690.

Eisenberger, R. (1992). Learned industriousness. *Psychological Review,*

99, 248-267.

Eisenberger, R., & Cameron, J. (1996). Detrimental effects of reward: Reality or myth? *American Psychologist, 51*, 115-166.

Ferster, C. B., & Skinner, B. F. (1957). *Schedules of reinforcement.* New York: Appleton-Century-Crofts.

Finch, G., & Culler, E. (1934). Higher order conditioning with constant motivation. *American Journal of Psychology, 46*, 596-602.

Garcia, J., & Koelling, R. A. (1966). Relation of cue to consequence in avoidance learning. *Psychonomic science, 4,* 123-124.

Hart, B. M., Allen, K. E., Buell, J. S., Harris, F. R., & Wolf, M. M. (1964). Effects of social reinforcement on operant crying. *Journal of Experimental Child Psychology, 1*, 145-153.

Hebb, D. O. (1949). *The Organization of Behavior: A Neuropsychological Theory.* New York: Wiley and Sons.

Hiroto, D. S. (1974). Locus of control and learned helplessness. *Journal of Experimental Psychology, 102*, 187-193.

Hiroto, D. S., & Seligman, M. E. P. (1975). Generality of learned helplessness in man. *Journal of Personality and Social Psychology, 102,* 187-193.

Jones, M. C. (1924). A laboratory study of fear: The case of Peter. *Pedagogical Seminary, 31*, 308-315.

Joutsa, J., Johansson, J., Niemela, S., Ollikainen, A., Hirvonen, M. M., Piepponen, P., Arponen, E., Alho, H., Voon, V., Rinne, J. O., Hietala, J., & Kaasinen, V. (2012). Mesolimbic dopamine release is linked to symptom severity in pathological gambling. *NeuroImage, 60*, 1992-1999.

Kandel, E. R., Koester, J., Mack, S. H., & Siegelbaum, S. A. (2021). *Principles of Neural Science.* New York: McGraw Hill.

Karn, H. W. (1947). Sensory pre-conditioning and incidental learning in humans. *Journal of Experimental Psychology, 37*, 540-544.

Kassinove, J. I., & Schare, M. L. (2001). Effects of the "near miss" and the "big win" on persistence at slot machine gambling. *Psychology of Addictive Behavior, 15*, 155-158.

Kimble, G. A. (1967). *Foundations of conditioning and learning*. New York: Irvington Press.

Larson, J. D., Calamari, J. E., West, J. G., & Frevent, T. A. (1998). Aggression-management with disruptive adolescents in the residential setting: Integration of a cognitive-behavioral component. *Residential Treatment for Children and Youth, 15*, 1-9.

Lett, B. T., Grant, V. L., Koh, M. T., & Smith, J. F. (2001). Wheel running simultaneously produces conditioned taste aversion and conditioned place preference in rats. *Learning and Motivation, 32,* 129-136.

Levitt, S. D., & Dubner, S. J. (2005). *Freakonomics: A rogue economist explores the hidden side of everything*. New York: Harper.

Marcus-Newhall, A., Pedersen, W. C., Carlson, M., & Miller, N. (2000). Displaced aggression is alive and well: A meta-analytic review. *Journal of Personality and Social Psychology, 78*, 670-689

Miller, N. E. (1960). Learning resistance to pain and fear: Effects of overlearning, exposure, and rewarded exposure in context. *Journal of Experimental Psycholgy, 60*, 137-145.

Mitchell, C. J., De Houwer, J., & Lovibond, P. F. (2009). The propositonal nature of human associative learning. *Behavioral and Brain Sciences, 32*, 183-198.

Morgan, C. L. (1903). *An Introduction to Comparative Psychology*. London: Walter Scott. (Original work published 1895)

Morse, W. H., & Kelleher, R. T. (1977). Determinants of reinforcement and punishment. In W. K. Honig & J. E. R. Staddon (Eds.), *Handbook of operant behavior* (pp. 174-200). Englewood Cliffs, NJ: Prentice-Hall.

Ono, K. (1987). Superstitious behavior in humans. *Journal of the*

Experimental Analysis of Behavior, 47, 261-271.

Öhman, A., Fredrikson, M., Hugdahl, K., & Rimmo, P. A. (1976). The premise of equipotentiality in human classical conditioning: Conditioned electrodermal responses to potentially phobic stimuli. *Journal of Experimental Psychology: General, 103*, 313-337.

Overmier, J. B., & Seligman, M. E. P. (1967). Effects of inescapable shock upon subsequent escape and avoidance learning. *Journal of Comparative and Physiological Psychology, 63*, 23-33.

Paul, C. (2008). *Learning and Behavior: Active Learning Edition*. 김문수, 박소현 공역(2010). 학습과 행동. 서울: 시그마프레스.

Pavlov, I. P. (1927). *Conditioned Reflexes* (G. V. Anrep, Ed. and Trans.). London: Oxford University Press.

Piazza, C. C., Bowman, L. G., Contrucci, S. A., Delia, M. D., Adelinis, J. D., & Goh, H. (1999). An evaluation of the properties of attention as reinforcement for destructive and appropriate behavior. *Journal of Applied Behavior Analysis, 32*, 437-499.

Rachlin, H. (2004). *The Science of Self-Control*. New York: Harvard University Press.

Reber, A. S. (1995). *Penguin Dictionary of Psychology*. New York: Penguin.

Rescorla, R. A. (2004). Spontaneous recovery. *Learning and Memory, 11*, 501-509.

Romanes, G. J. (1886). *Animal Intelligence*. New York: D. Appleton. (Original work published 1882)

Rothbaum, B. O., Hodges, L. G., Smith, S., Lee, J. H., & Price, L. (2000). A controlled study of virtual reality exposure therapy for the fear of flying. Paper presented at the annual meeting of the American Psychological Association, Washington, D. C.

Schultz, D. H., & Helmstetter, F. J. (2010). Classical conditioning of autonomic fear responses is independent of contingency awareness. *Journal of Experimental Psychology: Animal Behavior Processes, 36,* 495–500.

Sears, R. R., Maccoby, E. E., & Levin, H. (1957) *Patterns of child rearing*. Evanston, IL: Row, Peterson.

Seligman, M. E. P. (1975). *Helplessness: On Depression, Development, and Death*. San Francisco, CA: Freeman.

Seligman, M. E. P., & Maier, S. F. (1967). Failure to escape traumatic shock. *Journal of Experimental Psychology, 74,* 1–9.

Skinner, B. F. (1938). *The Behavior of Organisms: An Experimental Analysis*. New York: Appleton-Century-Crofts.

Skinner, B. F. (1948). Superstition in the pigeon. *Journal of Experimental Psychology, 38*, 168–172.

Skinner, B. F. (1951, December). How to teach animals. *Scientific American, 185*, 26–29.

Skinner, B. F. (1953). *Science and human behavior*. New York: Free Press.

Skinner, B. F. (1987). Antecedents. *Journal of the Experimental Analysis of Behavior, 48,* 447–448.

Solomon, R. L., & Wynne, L. C. (1953). Traumatic avoidance learning: Acquisition in normal dogs. *Psychological Monographs: General and Applied, 67*, 1–19.

Sy, J. R., Borrero, J. C., & Borrero, C. S. W. (2010). Characterizing response-reinforcer relations in the natural environment: Exploratory matching analyses. *The Psychological Record, 60,* 609–626.

Thorndike, E. L. (1898). Animal intelligence. *Psychological Review Monographs*, 2(8).

Thorndike, E. L. (1911). *Animal intelligence: Experimental studies.* New York: Hafner.

Ulrich, R. E., & Azrin, N. A. (1962). Reflexive fighting in response to aversive stimuli. *Journal of the Experimental Analysis of*

Behavior, 5, 511-520.

Ulrich, R. E., Hutchinson, R. R., & Azrin, N. H. (1965). Pain-elicited aggression. *The Psychological Record, 15*, 116-126.

Verplanck, W. S. (1955). The operant, from rat to man: An introduction to some recent experiments on human behavior. *Transactions of the New York Academy of Sciences, 17*, 594-601.

Volpicelli, J. R., Ulm, R. R., Altenor, A., & Seligman, M. E. P. (1983). Learned mastery in the rat. *Learning and Motivation, 14*, 204-222.

Wagner, G. A., & Morris, E. K. (1987). "Superstitious" behavior in children. *The Psychological Record, 37*, 471-488.

Wallace, K. J., & Rosen, J. B. (2000). Predator odor as an unconditioned fear stimulus in rats: elicitation of freezing by trimethylthiazoline, a component of fox feces. *Behavioral Neuroscience, 114*, 912-922.

Warden, C. J., & Aylesworth, M. (1927). The relative value of reward and punishment in the formation of a visual discrimination habit in the white rat. *Journal of Comparative Psychology, 7*, 117-128.

Watanapongvanich, S., Binnagan, P., Putthinun, P., Khan, M. S. R., & Kadoya, Y. (2020). Financial literacy and gambling behavior: Evidence from Japan. *Journal of Gambling Studies, 37*, 445-465.

Watson, J. B. (1930). *Behaviorism*. New York: Norton & Co.

Watson, J. B., & Rayner, R. (1920). Conditioned emotional reactions. *Journal of Experimental Psychology, 3*, 1-4.

Watson, D., Tharp, R. (2013). *Self-Directed Behavior: Self-Modification for Personal Adjustment*. 정경미, 이승아, 조성은, 최부열 공역(2015). 충동과 자기관리. 서울: 학지사.

Watson, D., & Tharp, R. (2013). *Self-Directed Behavior: Self-Modification for Personal Adjustment*. 10th Ed., New York:

Cengage Learning.

Wolpe, J. (1973). *The practice of behavior therapy* (2nd ed.). New York: Pergamon.

Yu, T., Lang, S., Birbaumer, N., & Kotchoubey, B. (2013). Neural correlates of sensory preconditioning: A preliminary fMRI investigation. *Human Brain Mapping, 35*, 1297–1304.

◆ 인명

◆ 내용

ㅁ

ㅂ

ㅈ

ㅊ

ㅌ

ㅍ

ㅎ

저자 소개

김문수(Kim Munsoo)

서울대학교 심리학과(학사)
서울대학교 대학원 심리학과(석사 수료)
캘리포니아 주립대학교 어바인 캠퍼스 생물심리학과(박사)
예일대학교 의과대학 정신건강의학과 박사 후 연구원
현 전남대학교 심리학과 명예교수

〈역서〉

학습과 행동(8판, 공역, 센게이지러닝코리아, 2023)
생물심리학(13판, 공역, 박학사, 2019) 외

〈주요 논문〉

인지 지도가 정말로 존재하는가? 햇살 미로 연구에 대한 역사적 고찰(단독, 2022)
기억 응고화 또는 재응고화를 이용한 외상후 스트레스장애의 치료(공동, 2018) 외

쉽게 풀어 쓴 학습 심리

파블로프와 스키너의 실험

Psychology of learning in plain words

2025년 2월 20일 1판 1쇄 인쇄
2025년 2월 27일 1판 1쇄 발행

지은이 • 김문수
펴낸이 • 김진환
펴낸곳 • (주) 학지사
04031 서울특별시 마포구 양화로 15길 20 마인드월드빌딩
대표전화 • 02)330-5114 팩스 • 02)324-2345
등록번호 • 제313-2006-000265호

홈페이지 • http://www.hakjisa.co.kr
인스타그램 • https://www.instagram.com/hakjisabook

ISBN 978-89-997-3317-8 93180

정가 16,000원